西東社

恐竜
めいろの世界にようこそ!
今から6600万年前、
大昔に生きていた恐竜たちが大集合!
ワクワクドキドキがいっぱいの、
恐竜めいろの世界をみんなでぼうけんしよう!

恐竜ってなんだろう？

恐竜の祖先

恐竜の祖先は、は虫類から進化。は虫類とちがい、恐竜は体の下に足がすっとのびている。恐竜は骨盤の形で２グループに分けられるよ。

進化 竜盤類

トカゲと骨盤の形が似ている恐竜たちは、竜盤類とよばれているよ。

ティラノサウルス
アルゼンチノサウルス
鳥類など

進化 鳥盤類

鳥と骨盤の形が似ている恐竜たちは、鳥盤類とよばれているよ。

ステゴサウルス
アンキロサウルス、トリケラトプスなど

恐竜以外の生き物もいるぞ！

この本には、古生代にいた古生物、空を飛ぶ翼竜、海にすむ大きなは虫類なども出てくるぞ！

ディメトロドン、パラプゾシアなど、古生代に生きていた古生物。

プテラノドン、ケツァルコアトルス、ディモルフォドンなどの翼竜。

首長竜類、モササウルス類、魚竜類といった、中生代の海のは虫類。

恐竜たちがくらしていた時代は？

古生代	中生代	恐竜が絶めつ！ 新生代
約5億4100万年前	約2億5200万年前	約6600万年前

古生代は6つの時期に分かれるよ

恐竜が生まれる前、古生物の時代だよ。カンブリア紀、オルドビス紀、シルル紀、デボン紀、石炭紀、ペルム紀に分かれる。

恐竜が生まれたのが三畳紀！

恐竜は、中生代のはじめのころの三畳紀の中ごろに生まれたよ。

恐竜がどんどん進化したジュラ紀！

地球があたたかくなり、それぞれの大陸で恐竜が独自に進化したよ。

もっとも恐竜が栄えていた白亜紀！

恐竜がどんどん大きくなり、地上は恐竜だらけになっていた！

もくじ

恐竜めいろの世界にようこそ！ 2ページ
この本にのっている恐竜・古生物リスト 5ページ
この本のあそび方 6ページ

第1話 恐竜のタマゴを拾っちゃった！ 7ページ
第2話 恐竜なんでもじまん！ 37ページ
第3話 恐竜時代にタイムスリップ！ 69ページ
第4話 恐竜ゲームにすいこまれた!? 101ページ
第5話 恐竜ランドへようこそ！ 133ページ
第6話 トリケラトプスの大ぼうけん！ 165ページ
第7話 恐竜ミュージアムで大あばれ！ 197ページ
第8話 未来の国から恐竜パニック！ 229ページ
第9話 めざせ恐竜はかせ！ 259ページ

おまけなぞなぞ 289ページ
こたえのページ 290ページ

恐竜レポート ❶35ページ ❷67ページ ❸99ページ ❹131ページ ❺163ページ ❻195ページ ❼227ページ ❽257ページ ❾287ページ

恐竜写真館 ❶36ページ ❷68ページ ❸100ページ ❹132ページ ❺164ページ ❻196ページ ❼228ページ ❽258ページ ❾288ページ

この本にのっている恐竜・古生物リスト

恐竜や古生物の名前とページが、アイウエオ順にならんでいるよ。

ア

アーケオプテリクス……80
アーケロン……28
アクティラムス……120
アノマロカリス……158
アパトサウルス……10
アビミムス……216
アマルガサウルス……24
アラモサウルス……170
アルゼンチノサウルス……40
アルバロフォサウルス……257
アロサウルス……106
アンキオルニス……262
アンキロサウルス……56
イー……18
イグアノドン……84
ウタツサウルス……240
エイニオサウルス……12
エウオプロケファルス……104
エオラプトル……76
エステメノスクス……122
エドモントサウルス……218
エドモントニア……252
オビラプトル……22
オルニトミムス……42

カ

カガリュウ……257
ガストニア……86
ガストルニス……163
カスモサウルス……264
カマラサウルス……214
カメロケラス……242
ガリミムス……172
カルノタウルス……92
ギガノトサウルス……96
ギラファティタン……150
クリオロフォサウルス……204
クリンダドロメウス……280
クロノサウルス……254
ケツァルコアトルス……94
ケナガマンモス……131
ケラトサウルス……138
ケラトプス類……257
ケントロサウルス……212
コエロフィシス……26
コシサウルス……257
コスモケラトプス……176
コリトサウルス……284
コンプソグナトゥス……60

サ

サイカニア……222
サウロファガナックス……112
サウロロフス……168
シノサウロプテリクス……268
ジュラベナトル……146
ショニサウルス……50
スーパーサウルス……78
スコミムス……142
スティギモロク……178
スティラコサウルス……118
ステゴサウルス……200
スピノサウルス……82
スピノフォロサウルス……232

タ

ダンクルオステウス……126
タンバリュウ……257
ツァイホン……282
ディキノドン類……35
デイノケイルス……272
デイノスクス……180
デイノニクス……88
ディプロカウルス……140
ディプロドクス……64
ディメトロドン……74
ディモルフォドン……220
ティラノサウルス……72
ディロフォサウルス……148
ディロング……208
テリジノサウルス……62
トバリュウ……257
ドラコレックス……174
トリケラトプス……166
トルボサウルス……108
トロオドン……46
トロサウルス……52
ドロマエオサウルス……182

ナ

ニクトサウルス……184
ニッポノサウルス……236
ネメグトサウルス……144

ハ

パキケファロサウルス……114
パキリノサウルス……186
ハドロサウルス……44
ハドロサウルス科……257
パラケラテリウム……131
パラサウロロフス……58
パラプゾシア……128
バリオニクス……238
バロサウルス……206
ピナコサウルス……14
フクイサウルス……257
フクイティタン……257
フクイベナトル……257
フクイラプトル……234
プシッタコサウルス……224
フタバサウルス……32
プテラノドン……102
プテロダウストロ……20
プテロダクティルス……152
ブラキオサウルス……54
プレシオサウルス……30
プロケラトサウルス……154
プロトケラトプス……90
ヘスペロルニス……250
ベロキラプトル……136
ペンタケラトプス……246

マ

マイアサウラ……16
マジュンガサウルス……116
マプサウルス……190
マンスーラサウルス……35
ミクロケラトゥス……48
ミクロラプトル……274
水鳥型恐竜……35
ミフネリュウ……257
メイ……266
メガテリウム……131
メガネウラ……248
メガロサウルス……270
メソサウルス……124
モシリュウ……257

ヤ

ユウティラヌス……278
ユタラプトル……110

ラ

ランフォリンクス……276
ランベオサウルス……210
リードシクティス……244
ルゴプス……156
ルヤンゴサウルス……202

※本書に掲載のデータは 2018 年 5 月のものです。※異なる時代に生きていた恐竜や恐竜以外の生き物が同時に登場する話もあります。

この本のあそび方

めいろ

恐竜の体を通るめいろ、イラスト全体を使っためいろなど、いろんな恐竜や古生物のめいろがあるよ。むずかしさやもくひょう時間もチェックしよう。

めいろのルール

めいろの中には、決められた条件やルールにしたがってゴールをめざすものがあるよ。

めいろのきまり

1. スタートからゴールまで進もう!
2. 同じ道は1回しか通れないよ!
3. ふさがってる道は通れないよ!

データ

めいろに出てきた恐竜や古生物のデータは、ここを読めばわかるよ！

時代

食べ物

クイズ

「まちがいさがし」や「さがして」など、めいろ以外にもいろいろなクイズがあるから、チャレンジしてみよう。

クイズのルール

クイズによって、ルールはさまざま。むずかしい問題もあるから、はじめによく読もう。

おまけもんだいにチャレンジ!

絵をさがす「みつけて」、数を数える「かぞえて」、登場する恐竜についてのちしきがふえる「ミニクイズ」があるよ。

ミニクイズ

アパトサウルスより大きい恐竜はどれ?

1. アルゼンチノサウルス
2. トリケラトプス
3. パラサウロロフス

第1話

恐竜のタマゴを拾っちゃった!

ふしぎなタマゴを拾ったけいやとふうか。担任のあおし先生と付近を調べると、地下へと続くどうくつを発見。そこには、恐竜たちがまだ生きている世界が広がっていた!

けいや

ふうかと仲良しの、クラスメイトの男の子。好奇心がおうせいで冒険心が強い。

ふうか

明るくしっかりものの小学3年生。けいやといっしょに、ふしぎなタマゴを見つける。

あおし先生

けいやとふうかのクラスのおだやかな先生。古生物学が得意で、恐竜にくわしい。

ふうか!
見てよアレ!
大きなタマゴだ!
学校の裏山で見つけたんだ
あおし先生!
なんのタマゴなの?
ありえないことだが…
恐竜のタマゴかも…
恐竜!?
たしかこのへんでタマゴを…
来てごらん!
こんなところに地下に通じるどうくつがあったんだ!

マンガめいろ 1

気をつけて進もう

スタート

ゴール

こたえは290ページ

もくひょう時間 2分
キケン度
1
むずかしさ
地面じゃない!?
アパトサウルスだ!
スタート
ミニクイズ
アパトサウルスより大きい恐竜はどれ?
①アルゼンチノサウルス
②トリケラトプス
③パラサウロロフス

データ

ジュラ紀

草食

アパトサウルス

首と足が太めで、がっしりとした体型。せなかのきん肉が強く、長い首やしっぽを支えていたという。

ゴール

こたえは290ページ

2
もくひょう時間 2 分
キケン度
むずかしさ
エイニオサウルスが
道でねてるよ!
スタート

あっちに子どもの恐竜が見えたの。
この子の親がいるかもしれないわ！
ひるねの時間かな？ みんな
気持ちよさそうにねむってる…。
よけて通らなきゃ！
データ
白亜紀
草食
エイニオサウルス
「水牛トカゲ」という名前が表すように、鼻の上にある、大きな曲がった1本のツノがとくちょう。
ゴール

こたえは290ページ

3
むずかしさ
もくひょう時間3分
キケン度
ピナコサウルスは
子だくさん!
みつけて
スタート

子どもの恐竜がたくさん！
でも、タマゴがちがうから
この子の家族じゃないみたい…。
ルール
赤➡青の順番でピナコサウルスの
子どもをつかまえていこう。
データ
白亜紀
草食
ピナコサウルス
よろい竜類の仲間だが、よろいは
ひかえめ。子どもは群れでくらし
ていたことが、化石からわかった。
ゴール
こたえは290ページ

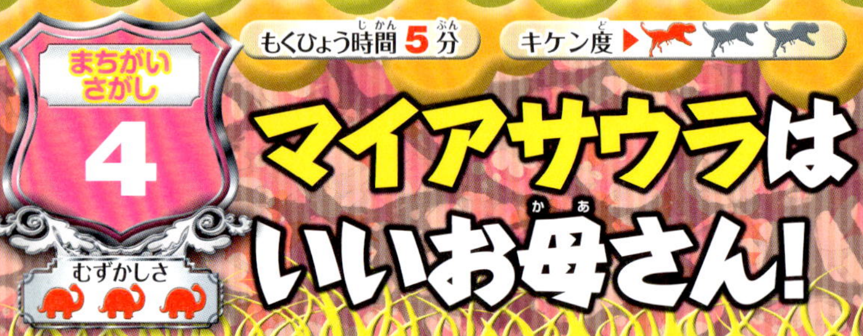

マイアサウラはいいお母さん！

お、この恐竜も子育てをしているぞ。でもやっぱりタマゴがちがうみたいだな…。

白亜紀

草食

マイアサウラ

「よき母親トカゲ」という意味の名前からもわかるように、集団で巣を作り、親が子どもを育てていた。

ルール

左と右の絵にはまちがいが7つあるよ。全部見つけられるかな?

こたえは291ページ

5

むずかしさ

もくひょう時間 3 分　キケン度

森の中にはイーのむれ！

スタート

コウモリみたいな恐竜が
いっぱいいる! よけて通ろう!
…あれ! タマゴはどこ?
どうしよう!
イーに気をとられているうちに
タマゴがどこかに行っちゃった!
データ
ジュラ紀
肉食
イー
ほっそりとした恐竜。指の間にコウモリのようなつばさがあり、飛んでいたのではといわれている。
ゴール

こたえは291ページ

6
むずかしさ
もくひょう時間4分
キケン度
空からどろぼうを追いかけろ！
スタート

あっ、ふうか見て！
あの恐竜がぼくたちの
タマゴをぬすんだみたいだ！
よし、あの翼竜のせなかに
のせてもらおう。
追いかけるぞ！
データ
白亜紀
肉食
プテロダウストロ
翼竜類の仲間で、夜も活動していた。くちばしは細長いクシのようで、水中の小さな動物を食べていた。
ゴール

こたえは291ページ

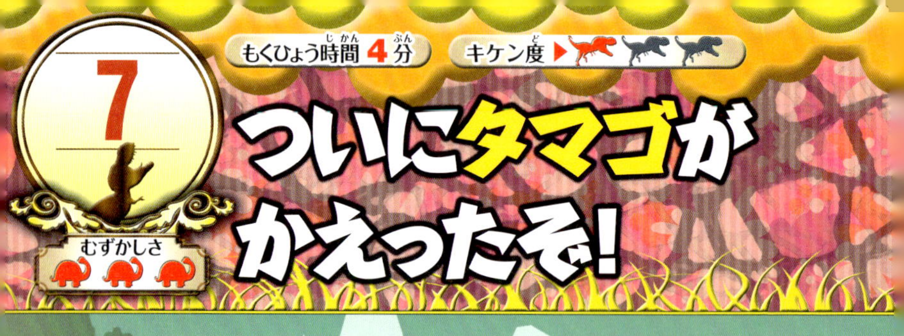

ついにタマゴがかえったぞ！

スタート①

スタート②

スタート③

タマゴをぬすんだのは
オビラプトルだったのね！
わたしたちのタマゴがかえるわ！

ルール

ふうかたちのタマゴとつながっているのは、
スタート❶〜❸のうちどのタマゴかな？

データ

白亜紀（はくあき）

雑食（ざっしょく）

オビラプトル

化石（かせき）から、タマゴをだいてかえしていたと考え（かんが）られている。つばさは小（ちい）さいが、形（かたち）は鳥（とり）に似（に）ていた。

こたえは291ページ

あんない役はアマルガサウルス！

この子はどうやら
首長竜の子どもみたいだな。
親はどこにいるのかな…？
この恐竜、親がいるところまでの
道を教えてくれてるみたい。
行ってみようよ！
データ
白亜紀
草食
アマルガサウルス
アルゼンチンで見つかった恐竜。
首からこしにかけて、せぼねに長いとっきがあるのがとくちょう。
ゴール

こたえは292ページ

もくひょう時間 3 分　キケン度

どうくつの中は恐竜だらけだ!

恐竜がいっぱいいるわね！
びっくりさせちゃうから、
目の前を歩かないようにしましょ。

ルール

コエロフィシスの正面を通らないようにゴールをめざそう。後ろと左右の道は通れるよ。

三畳紀

肉食

化石から、集団でくらしていたと考えられている。小さくとがった歯がならび、ワニを食べていた。

ゴール

こたえは292ページ

アーケロンのせなかをわたろう!

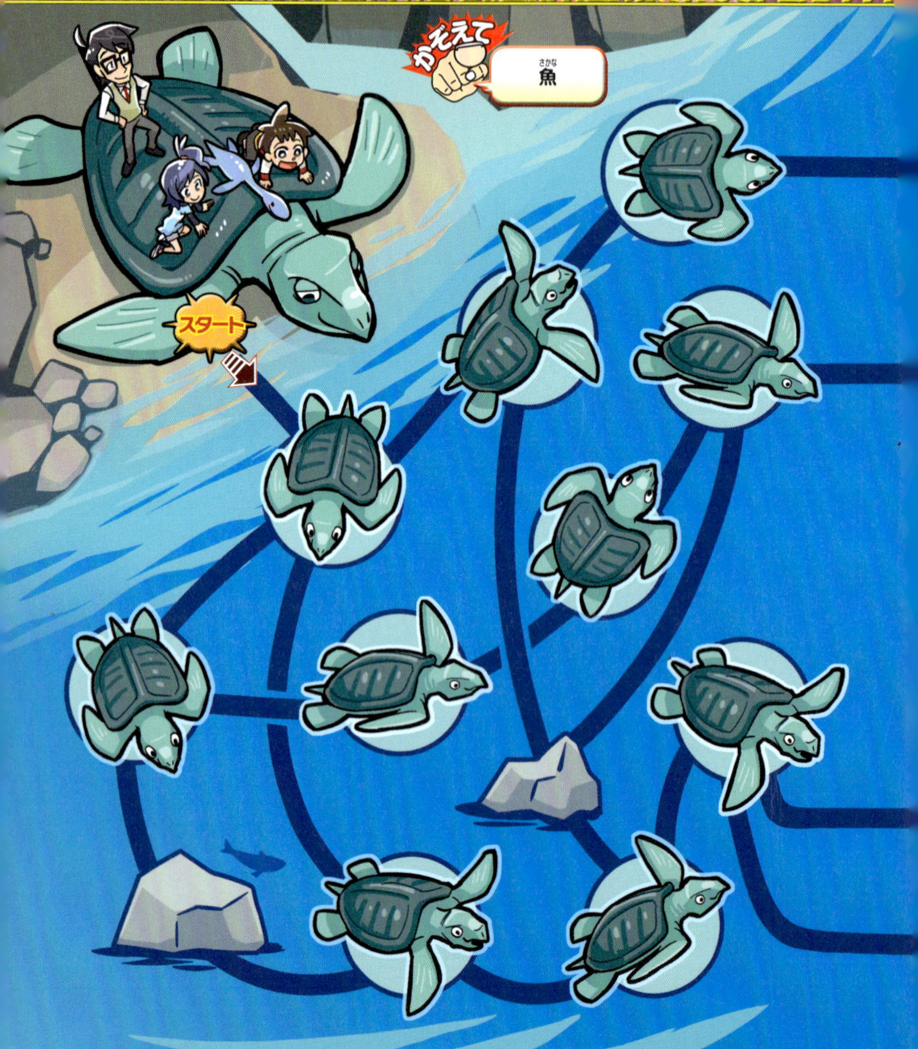

かぞえて
魚

スタート

どうくつをぬけたら海岸だ！
この子の親は海にいるかもしれんぞ。
ルール
アーケロンのせなかをつたって沖に出よう。
岩があるところは通れないよ。
データ
白亜紀
肉食
アーケロン
恐竜の時代に生きていた、もっとも大きいウミガメ。サイズは約4メートルだが、体は軽かった。
ゴール

こたえは292ページ

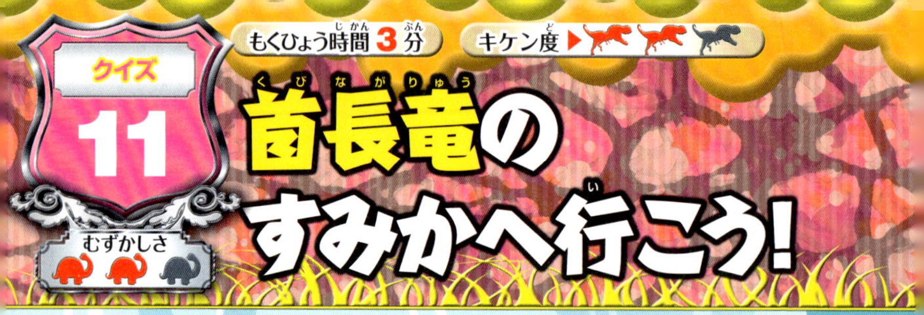

首長竜のすみかへ行こう!

たしか**大きな岩**があったよ

岩は**三角の形**だったような…

岩は**1つだけ**だったよね

赤いサンゴもあったかな

岩の右側に**大きなどうくつ**があったね

この恐竜、この子にそっくり！
ひょっとして**親せきの恐竜**かな。
ぼくたちを連れていこうとしてる！

ルール

プレシオサウルスが道あんないをしてくれたよ。すべての情報に合うのはア〜カのうちどれかな？

データ

ジュラ紀

肉食

プレシオサウルス

世界ではじめて見つかった首長竜の仲間。足がひれになっていて、海を自由に泳ぐことができた。

こたえは292ページ

12
むずかしさ
もくひょう時間5分
キケン度
フタバサウルスの子どもだったのか！
スタート

親が見つかったみたい！
本当によかったわ！
この子もとってもうれしそう！
さあ、ぼくらもそろそろ
学校にもどろうか！
データ
白亜紀
肉食
フタバサウルス
首長竜類の仲間でプレシオサウルス（➡30ページ）より大きい。福島県で、男子高校生が見つけた。
ゴール
こたえは292ページ

トッ
地上に着いた!

送ってくれてありがとう!
バイバイ!

数日後…

あの子元気かなあ
放課後会いに行ってみようか
さんせい!!

あっ
見て!

どうくつがふさがれちゃってる!
この前ふった大雨でがけくずれが起きたのか…

もう会えないのかなぁ

おしまい

恐竜レポート 1

新種の恐竜が見つかった!?

2017年と2018年に、新たに見つかった恐竜についての情報を大公開！

2017年にモンゴルで発見！

陸でも水でもくらせる水鳥型恐竜！

白鳥みたいに曲がった首、ひれっぽい前足をもつ。白亜紀ごろ、水と陸地の両方でくらしていたらしい。

2018年にエジプトで発見！

長い首の草食恐竜マンスーラサウルス！

エジプトで見つかったが、骨格はアジアの恐竜に似ているらしい。約10メートルほどの竜脚類恐竜だ。

新種ではないけれど…

日本ではじめて発見！

古生代に生きたディキノドン類の化石！

2018年に、山口県でディキノドン類の化石を発見したよ。ディキノドン類は三畳紀ごろの草食生物で、世界中で化石が見つかっている。日本にもいたことがしょうめいされた。

恐竜写真館
1
プレシオサウルス
(➡30ページ)の骨格
陸にいた祖先の手足がひれのように進化し、海でくらすようになった。首をすばやく動かしエサをとっていたようだ。
海を自由に泳ぐ手足のひれ!
Ventral aspect of a nearly entire immature skeleton of
PLESIOSAURUS HAWKINSII, Owen.
LOWER LIAS.
STREET, SOMERSETSHIRE.
オビラプトルのタマゴ(➡22ページ)
同じ場所でタマゴの化石がたくさん発見されている。1度に産む数は2個だったので、何回かに分けて産んでいたようだ。
同じ場所にたくさん産んでいた!

第2話
恐竜なんでもじまん!
力もちのティラノくんは、いつも自信満々！ アーケオちゃんと世界中の恐竜たちに会いにいき、いろんな恐竜のすごいところに気づきはじめて…?
アーケオちゃん
アーケオプテリクスの子ども。ティラノくんの友だちで、おねえさん的な存在。
ティラノくん
ティラノサウルスの子ども。力じまんで、自分が恐竜の中でいちばんだと思っている。

ガオー！

すごいね！

ぼくって力もちでしょ？

あらティラノくん

マンガめいろ 2

スタート

ぼくにかなう
やつなんて
いるのかな？

ゴール

こたえは293ページ

13

むずかしさ

もくひょう時間 3分

キケン度

まるで山みたい！大きさじまん！

ミニクイズ

アルゼンチノサウルスの重さはどのくらい？

1. アフリカゾウ約15頭分
2. ライオン約15頭分
3. サイ約15頭分

アルゼンチノサウルス

アルゼンチンで発見。体のサイズが約 35 ～ 40 メートルあり、いちばん大きい恐竜といわれている。

ゴール

こたえは293ページ

14

もくひょう時間 3分　キケン度

オルニトミムスはすばしっこい！

むずかしさ

スタート

オルニトミムスさんはまるで
ワープしているみたいにすばやいの!
どんな恐竜も追いつけないのよ。
ルール
同じ図形から図形へワープしながらゴールを
めざそう。ティラノがいるところは通れないよ。
データ
白亜紀
雑食
オルニトミムス
体がダチョウに似ていて、細長い
前足に大きなツメがある。時速 60
～ 80 キロで走れたらしい。
ゴール
こたえは293ページ

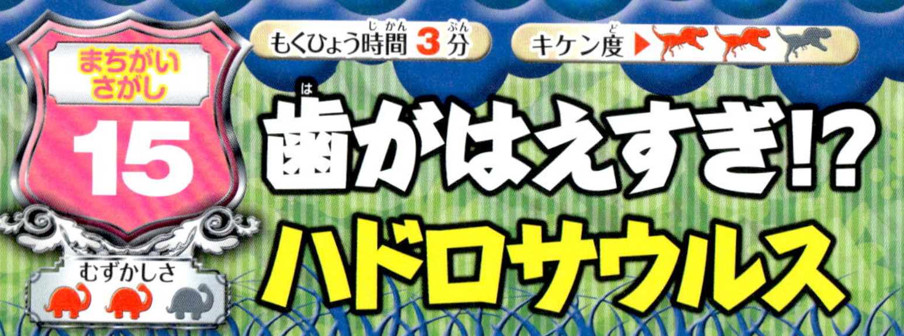
まちがいさがし
15
むずかしさ
もくひょう時間3分
キケン度
歯がはえすぎ!?
ハドロサウルス

ハドロサウルスくんの歯は100本以上もあるのか！しかもはえ変わるなんて便利だね。

ルール

左と右の絵にまちがいが8つあるよ。見つけてみよう！

ハドロサウルス

口の奥には、数百本の小さな歯がならんでいる。歯はすりへるとぬけ落ち、どんどんはえ変わった。

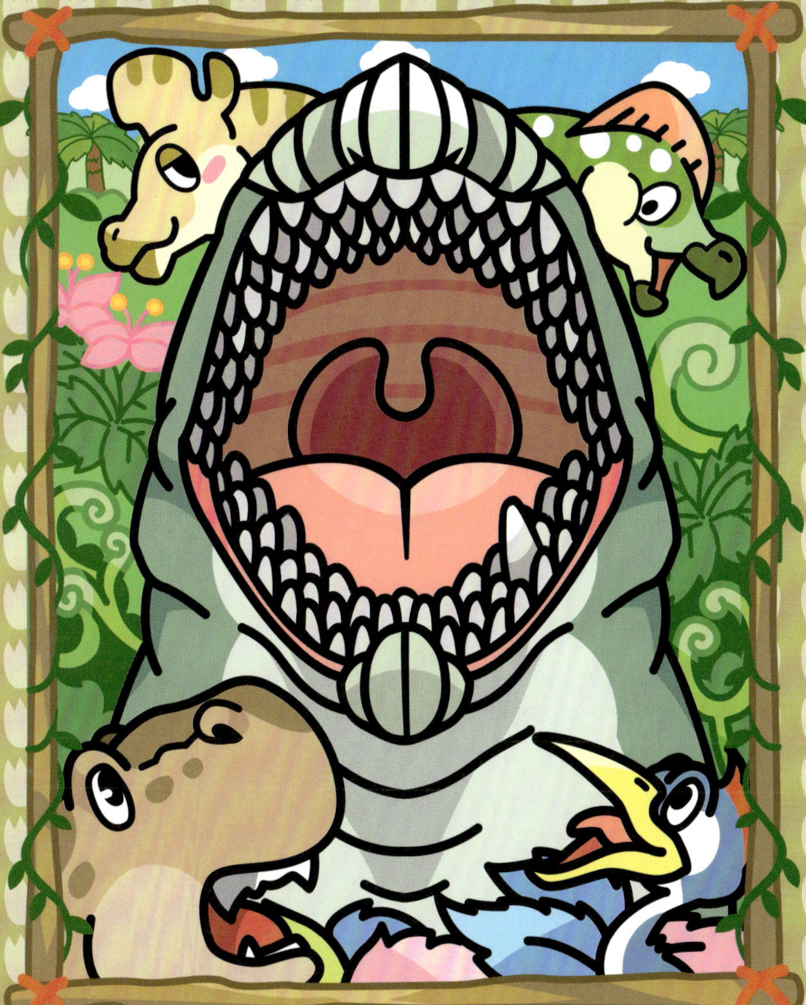

こたえは293ページ

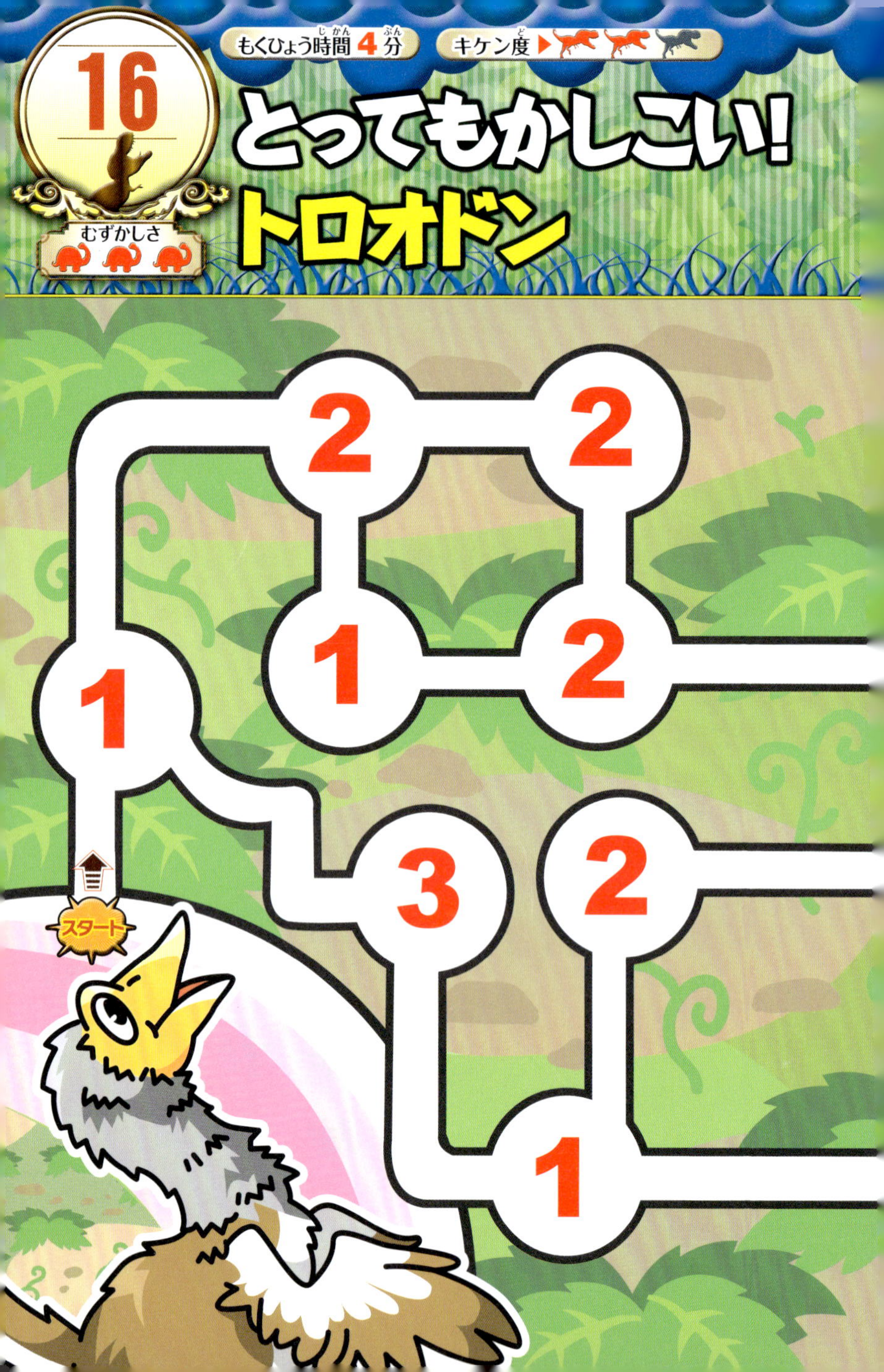
16
むずかしさ
もくひょう時間4分
キケン度
とってもかしこい!
トロオドン
2
2
1
2
1
3
2
1
スタート

道にかかれている数字を足しながら進んで、合計 20 になるようにゴールをめざそう。

白亜紀

肉食

トロオドン

脳が大きくて、前足の指は物をつかむことができたという。2～3メートルほどもあったらしい。

20

ゴール

2 1 1 2 1 2 3 3 2 2 1 2

こたえは294ページ

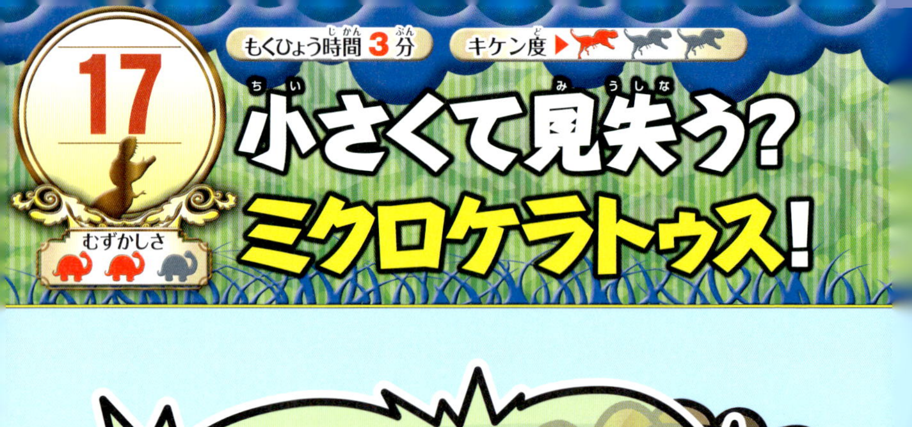

スタート

ルール

ティラノのかみつきマークをよけながら、ゴールをめざそう。

ミクロケラトゥス

くちばしのような口と、頭にえりかざりをもつ。角竜類の中では体が小さく、約60センチ。

こたえは294ページ

スタート

海でいちばん大きな
ショニサウルスさんにのって
移動しましょう！

わ〜！ 海にもこんなに
大きな魚竜がいたんだ！
知らなかったなあ…。

データ

三畳紀

肉食

ショニサウルス

海の中では最大級の魚竜で、サイズは約 21 メートル。体にはクジラみたいな細長いひれがあった。

かぞえて 緑の魚

ゴール

こたえは294ページ

19
むずかしさ
もくひょう時間 2分
キケン度
フリルがじまんの
トロサウルス!
みつけて
スタート

次は少し変わったナンバー1よ！
トロサウルスくんは、頭のフリルがとにかく長くて大きいの。
大きくて目立つフリルだね〜！ぼくにはついてないからうらやましいや！
データ
トロサウルス
白亜紀
草食
頭の骨が約2.8メートルもあり、大きなフリルがある。アメリカやカナダで化石が発見された。
ゴール

こたえは294ページ

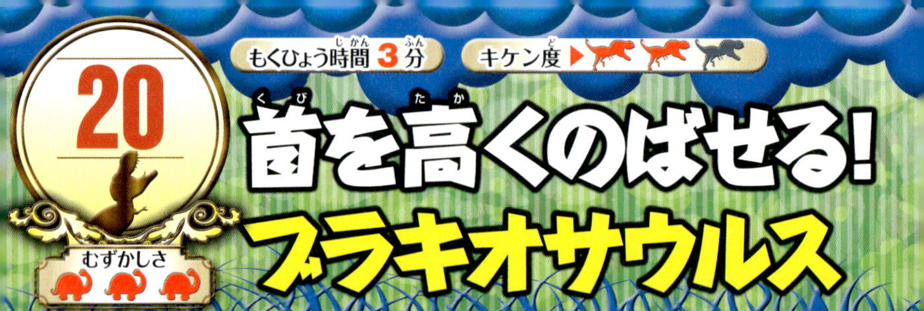

スタート
ア

あんなに高い木までとどくなんて、
背が高いんだねえ…！
データ
ジュラ紀
草食
ブラキオサウルス
前足が長く、首を高くもちあげることができたといわれている。白亜紀の前期までいたことがわかっている。
ルール
葉っぱをいちばん多く食べられる道を通ろう。
たくさん食べたのは、アとイのどっちかな？
スタート
イ
ゴール
みつけて
こたえは294ページ
55

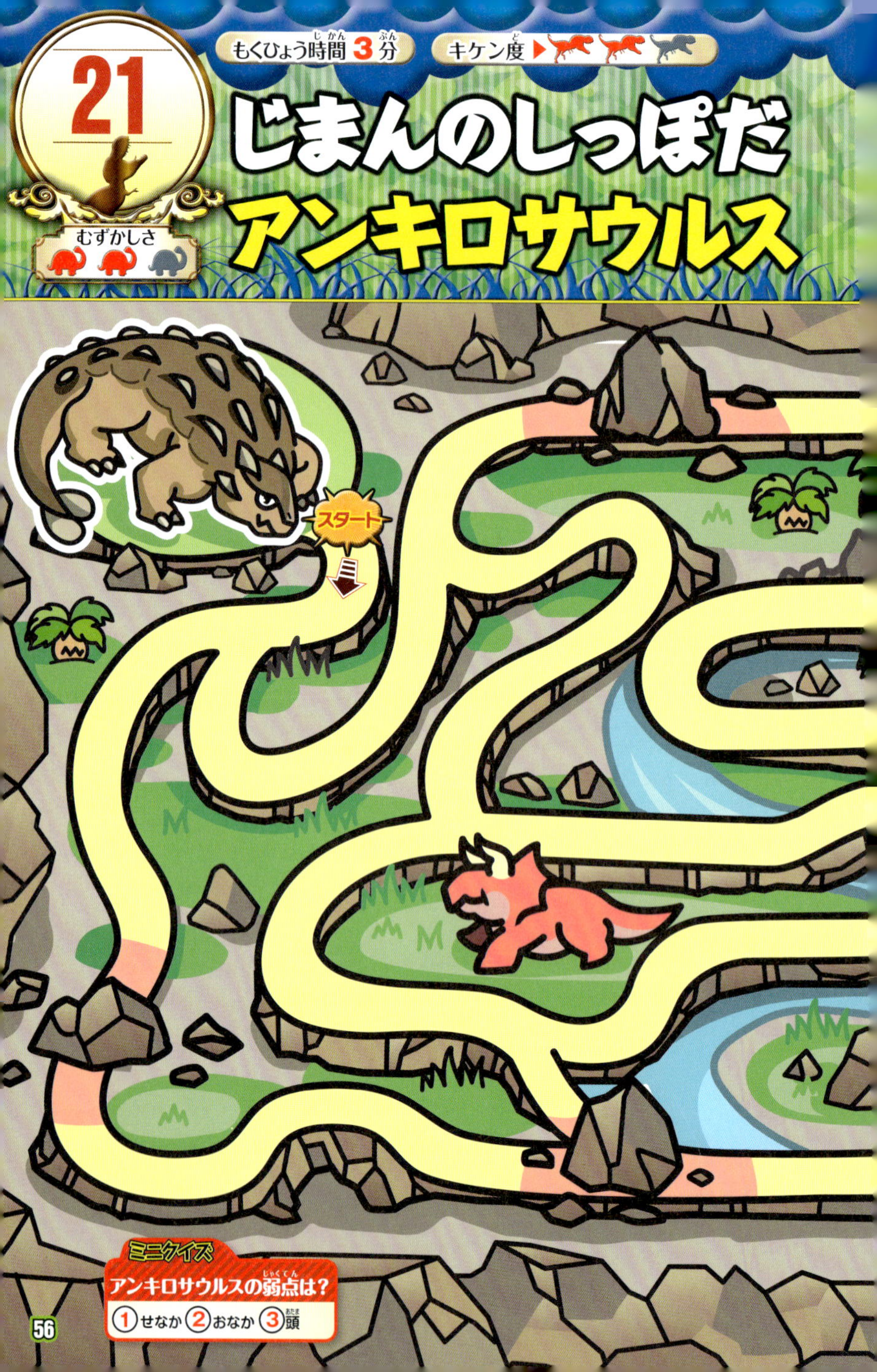

21
もくひょう時間 3 分
キケン度
じまんのしっぽだ
アンキロサウルス
むずかしさ
スタート
ミニクイズ
アンキロサウルスの弱点は？
1 せなか 2 おなか 3 頭

アンキロサウルスくんはしっぽで固い岩でもくだけるのか！すごいや！
データ
白亜紀
草食
アンキロサウルス
体の大きさは約９メートル。かたい骨のしっぽをこんぼうのようにふり回して、敵と戦ったようだ。
ルール
道のとちゅうの岩を1回だけしっぽでくだけるぞ。1回岩をくだいてゴールをめざそう。
ゴール
こたえは295ページ

22
むずかしさ
もくひょう時間3分
キケン度
鳴き声じまんの
パラサウロロフス
みつけて
スタート

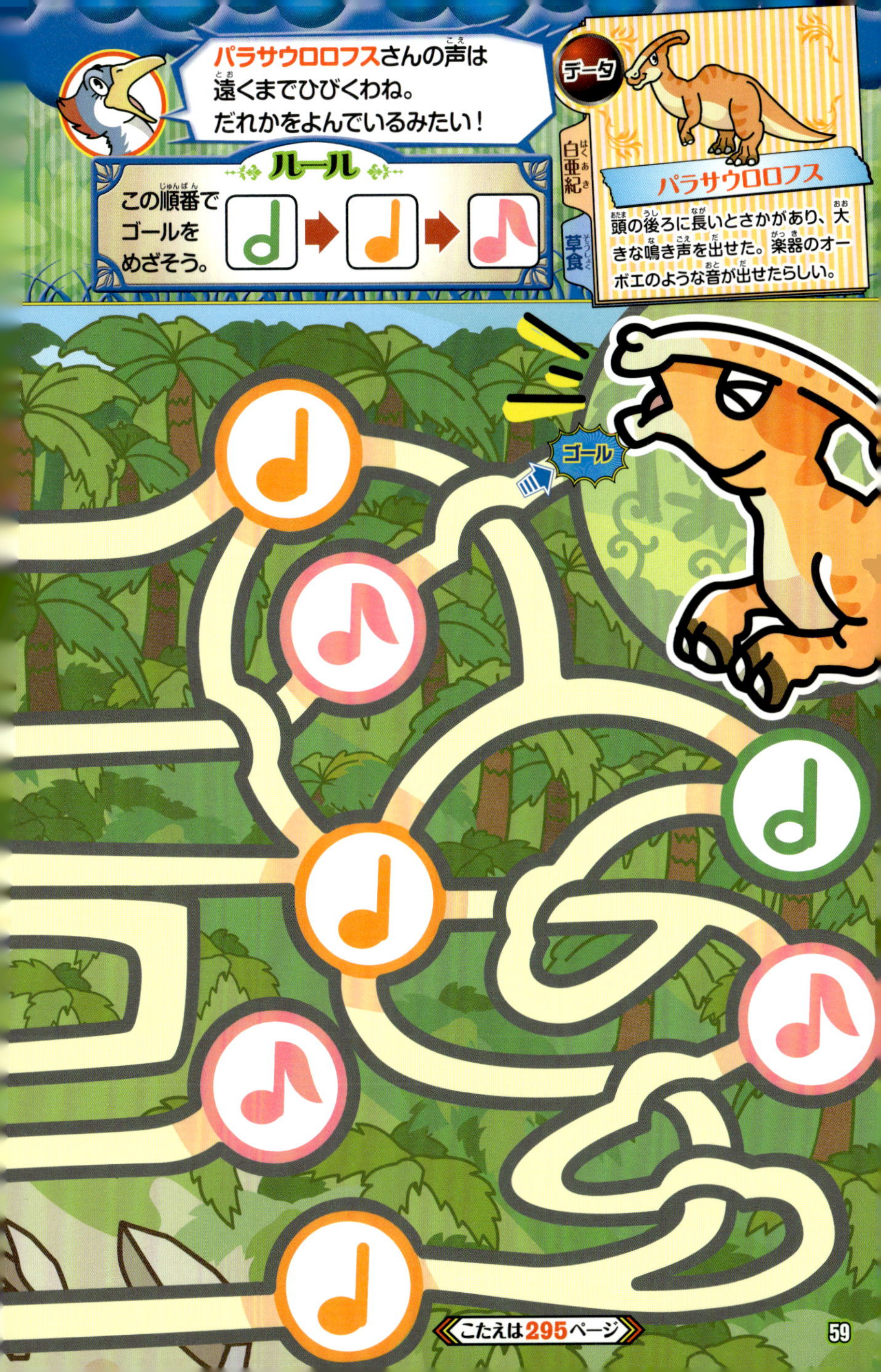
パラサウロロフスさんの声は遠くまでひびくわね。だれかをよんでいるみたい！
ルール
この順番でゴールをめざそう。
データ
白亜紀
草食
パラサウロロフス
頭の後ろに長いとさかがあり、大きな鳴き声を出せた。楽器のオーボエのような音が出せたらしい。
ゴール

こたえは295ページ

クイズ 23

むずかしさ

もくひょう時間 3 分　キケン度▶

軽くてスリム！コンプソグナトゥス

ア　イ　ウ　エ　オ

コンプソグナトゥスくんたちの
だれがいちばん軽いのか
くらべっこしているみたいだぞ！

コンプソグナトゥスが重さくらべをしているよ。
ア〜オのうち、いちばん軽いのはだれかな？

ジュラ紀

肉食

コンプソグナトゥス

体のサイズは約1メートルあるが、頭も足も細長くて小さく、とても軽かった。トカゲを食べていたらしい。

こたえは295ページ

24
むずかしさ
もくひょう時間 3分
キケン度
じまんのツメは
まるで大きなカマ！
スタート

ツメが長すぎて
壁画をくだいちゃったの？
ぼくが直してあげるよ！

ルール

6枚の壁画を集めてゴールをめざそう。
ちがう壁画がまじっているから気をつけて。

データ

白亜紀

雑食

テリジノサウルス

名前は「大きなカマをもつトカゲ」という意味。長さ70センチもあるツメが前足にはえていた。

こたえは295ページ

25
むずかしさ
もくひょう時間4分
キケン度
長いしっぽは
まるでムチのよう!
スタート

じまんの長いしっぽがからまっちゃったの？ しょうがないなぁ～。ぼくがほどいてあげるよ！
あなたはいつも強くてやさしいのよね。頼りにしてるわよ！
データ
ジュラ紀
草食
ディプロドクス
体が20～30メートルと、とても大きい。長い首と、ムチのように細長いしっぽをもっていた。
ゴール

こたえは295ページ

そうか! ぼく
わかったよ

いろんな
すごさが
あるんだね!

そのとおり!

みんなそれぞれ
ちがうんだから
あなたも自信をもって
自分の長所を
のばしてね!

よーし!
やるぞー!

成長したわね
ティラノくん

数日後

おしまい

恐竜レポート 2

こんな新説がある!?

最新の恐竜の研究によってわかったことや、恐竜の新しい説を教えるよ！

新説1 恐竜たちが進化したのはモテるため!?

トリケラトプスのフリルやステゴサウルスのせなかの板が大きくなったのも、オルニトミムスの大きな羽やティラノサウルスに羽毛があるのも、みんなメスにアピールするために進化したからららしい!? 羽毛の色も目立つためにカラフルだったかもしれない。

新説2 どれが本当!? ティラノサウルスのすがた

ティラノサウルスのすがたや能力の説は、今と昔では大きくちがうんだ。最新の研究では、大人のティラノサウルスにも羽毛がしっかりはえていたことや、人と同じくらいの速さで走れたということが定説のようだ。でも研究しだいで、今後も新しいティラノサウルス像が生まれるかもしれないね。

恐竜写真館 2
ブラキオサウルス
(➡54ページ)の骨格
前足が後ろ足よりも長く、肩の位置が高い。首を高くもちあげられたので、高い木の枝の葉を食べることができたらしい。
とにかく首が長いぞ!
とにかく巨大!
アルゼンチノサウルス
(➡40ページ)の骨格
大きさが約36メートルあったといわれる超大型の恐竜。すねの骨は1メートル55センチものサイズが見つかっている。
※写真のブラキオサウルスは、別の恐竜ギラファティタン(➡150ページ)だとする説もある。

第3話
恐竜時代にタイムスリップ!
ある日、タイムマシンを完成させたはかせ。「恐竜を見たい」というあきらのていあんで、恐竜の時代にやってきたが、そこはキケンがいっぱいだった!
はかせ
ちょっと変わっている天才科学者。おっちょこちょいで、まごのしのによく怒られる。
あきら
恐竜が大好きな小学3年生。元気いっぱいで熱血タイプ。ティラノサウルスが好き。
しの
はかせのまご。あきらとは幼なじみの小学3年生。しっかりもののおねえさんタイプ。

ついに完成したぞぉ!
はかせなんか作ったの?
おじいちゃん大声出してどうしたの?
お前たち見よ!わしの長年の研究によって生まれた…
タイムマシンじゃ!
ババーン
スゲー!
…動くの?
むろんじゃ!しかも空も飛べるぞい!
はかせ! おれ恐竜の時代に行きたい!

マンガめいろ 3

フフ…まかせるのじゃ!

さっそく出発じゃ～!

スタート

ゴール

こたえは296ページ

26
むずかしさ
もくひょう時間2分
キケン度
で、で、出た〜！
ティラノサウルス
スタート

ティラノサウルスが生きてる！
うわあ、カッコイイな～！
う～む、白亜紀にまで
飛んでしまったようじゃ…。
もっと安全な時代にワープじゃ！
データ
白亜紀
肉食
ティラノサウルス
最強の肉食恐竜で、ぶあつい歯で骨をかみくだく。恐竜がほろびる最後の時代まで生きていた。
ミニクイズ
ティラノサウルスの名前はどんな意味？
1 あまえんぼうトカゲ
2 あわてんぼうトカゲ
3 あばれんぼうトカゲ
ゴール
こたえは296ページ

27
むずかしさ
もくひょう時間 1分
キケン度
古生代にやってきたぞ!
スタート

あら、せなかに大きなほがある
恐竜がこっちを見てるわ。
あれはディメトロドンだよ。
恐竜じゃなくて、は虫類なんだ。
じゃあ、ここは古生代だね！
データ
古生代
肉食
ディメトロドン
古生代のペルム紀に生きていた、は虫類の仲間。せなかの大きなほで体温を調節していたらしい。
ゴール
こたえは296ページ

さがして
28
むずかしさ
もくひょう時間3分
キケン度
エオラプトルは
どこにいるかな?

ここは三畳紀という時代じゃ！
このころに恐竜が生まれたんじゃよ。
エオラプトルがいそうなんじゃが…？
ルール
景色のどこかに、エオラプトルが10体かくれているよ。全部見つけられるかな？
データ
三畳紀
雑食
エオラプトル
「夜明けのどろぼう」という名前の恐竜。約1メートルくらいの大きさで、2本足で歩き回っていた。

こたえは297ページ

29
むずかしさ
もくひょう時間2分
キケン度
ジュラ紀に来たよ！
スーパーサウルス！
スタート

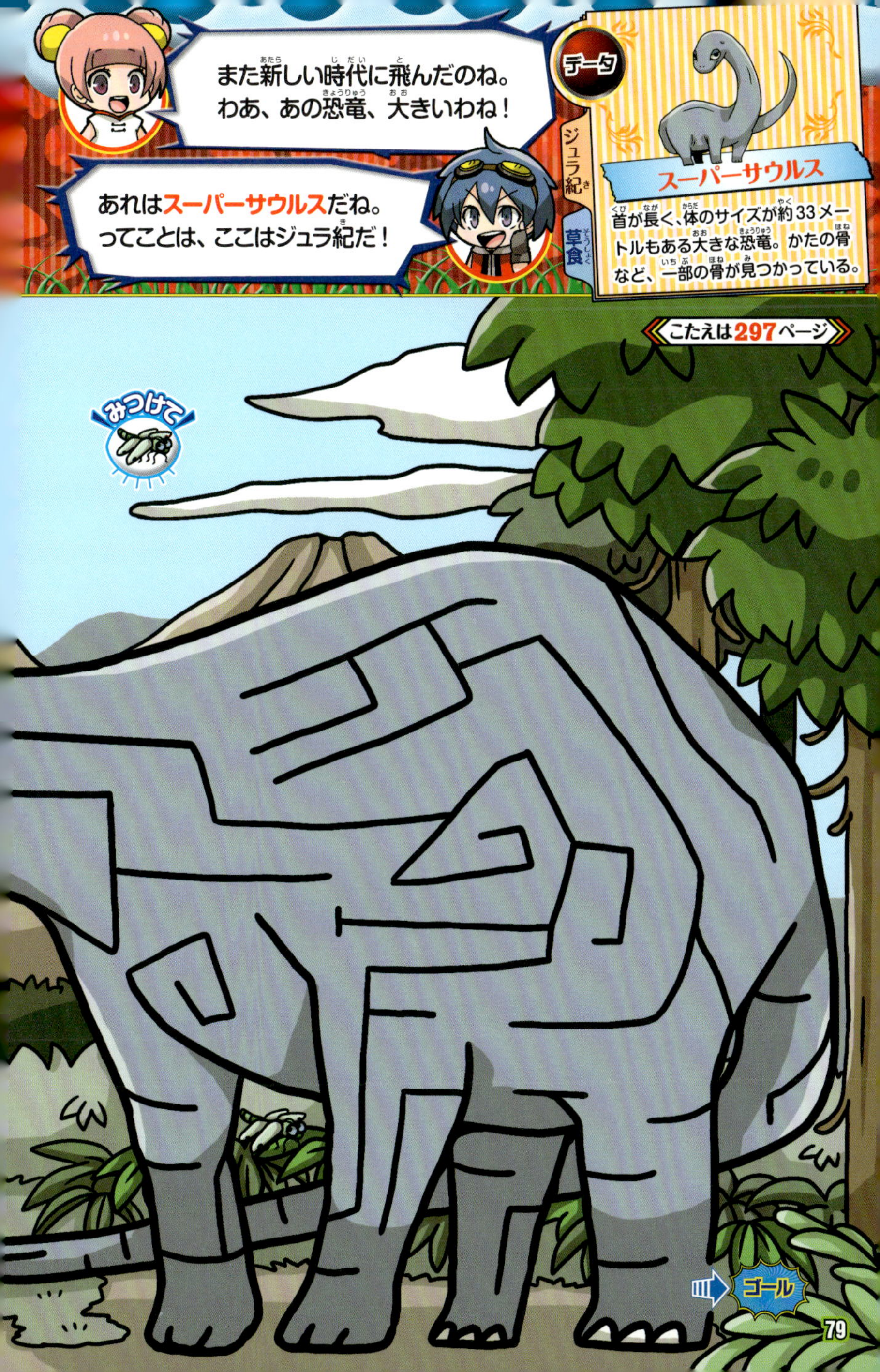
また新しい時代に飛んだのね。わあ、あの恐竜、大きいわね！
あれはスーパーサウルスだね。ってことは、ここはジュラ紀だ！
データ
ジュラ紀
草食
スーパーサウルス
首が長く、体のサイズが約33メートルもある大きな恐竜。かたの骨など、一部の骨が見つかっている。
こたえは297ページ
みつけて
ゴール

30
むずかしさ
もくひょう時間3分
キケン度
タイムマシンにイタズラされた！
ボルト
スタート

はかせ、たいへん！
アーケオプテリクスが
タイムマシンをいじってる！
ルール
アーケオプテリクスがばらまいたすべてのボルトを拾って、ゴールをめざそう。アーケオプテリクスがいるところは通れないぞ。
データ
ジュラ紀
肉食
アーケオプテリクス
「始祖鳥」ともよばれる恐竜。「古代のつばさ」という意味の名前で、鳥のようにつばさをもっていた。
ゴール
こたえは297ページ

31
むずかしさ
もくひょう時間 3 分
キケン度
恐竜がいっぱい!
白亜紀に来たよ!
スタート

タイムマシンが無事でよかったわい。
おや、スピノサウルスがいるぞい。
ルール
この順番でゴールをめざそう。
データ
白亜紀
肉食
スピノサウルス
せなかに高さ1.6メートルものほをもち、体温を調節していた。魚をとって食べていたらしい。
ゴール

こたえは297ページ

32
もくひょう時間 2分
キケン度
イグアノドンをつかまえよう！
むずかしさ
草
草
スタート

あの恐竜、おとなしそうね。
つかまえて、せなかにのってみない？
ルール
草1つにつきイグアノドンを1体つかまえられる。
全部つかまえてゴールをめざそう。
データ
白亜紀
草食
イグアノドン
前足の親指がするどくとがっていてトゲのようだった。敵をおどしたり、戦うために使ったらしい。
草
ゴール
草

こたえは298ページ

33
むずかしさ
もくひょう時間 4 分
キケン度
ガストニアめざしてきょうそうしよう!
スタート
ア
スタート
イ

恐竜にのってるなんて夢みたい！
だれが最初にガストニアまで
たどりつくか、勝負しようよ！
データ
ガストニア
白亜紀
草食
ガストンという人が見つけた恐竜。
せなかやかたに大きなトゲがあり、
頭つきが得意だったらしい。
ルール
ア〜ウのうち、ゴールのガストニアにたどり
つけるのは、どのスタートかな？
ガストニア
ゴール
スタート
ウ

こたえは298ページ

34
むずかしさ
もくひょう時間 3 分
キケン度
デイノニクスのツメこうげきだ!
スタート

ひゃあ！きょうぼうな恐竜じゃな！
こうげきを受けないようにしながら
高速移動でワープするぞい！
ルール
デイノニクスのツメこうげきをよけながら、
ゴールをめざそう。
データ
白亜紀
肉食
デイノニクス
「おそろしいツメ」という意味の名前。後ろ足にはするどいカギヅメがあり、てきを切りさく。
ゴール
こたえは298ページ

35
むずかしさ
もくひょう時間 3 分
キケン度
白亜紀後期にやってきたぞ!
かぞえて
恐竜の足あと
スタート

恐竜たちが生きた最後の時代だね。あそこにいるプロトケラトプスを近くで見てみようよ！
ルール
すべてのプロトケラトプスを通って、ゴールをめざそう。
データ
白亜紀
草食
プロトケラトプス
モンゴルあたりに群れでくらしていた恐竜だ。頭にフリルがあり、成長するたびに大きくなった。
ゴール

こたえは299ページ

クイズ
36
むずかしさ
もくひょう時間4分
キケン度
カルノタウルスはどんな恐竜？
前足はすっごく短かったぞい
からだにはもようがあったよ
歯はとても小さかったわね
ウシみたいなツノがはえていたんじゃ
ツノは2本はえていたわ
……
わかった！それはカルノタウルスだよ！

ルール

しのが見かけたカルノタウルスをイメージして話しているよ。正しいカルノタウルスはア～キのうちどれかな?

両目の上に、ウシみたいな2本のツノがはえている。後ろ足は細長いが前足がとても短かった。

ア
イ
ウ
エ
オ
カ
キ

こたえは299ページ

37
むずかしさ
もくひょう時間2分
キケン度
恐竜たちのようすがヘン!?
スタート
ミニクイズ
ケツァルコアトルスのとくちょうは?
①目がない
②歯がない
③ツメがない

うわぁ！ でっかい恐竜が
すごいいきおいで飛んできた！
ケツァルコアトルスじゃな。
なんじゃかようすがおかしい…。
これはまさか…!?
データ
白亜紀
肉食
ケツァルコアトルス
つばさを広げると、10 メートル以上もの大きさだった。重さは 70 ～ 200 キロほどだったらしい。
!?
ゴール

こたえは299ページ

38
もくひょう時間5分
キケン度
むずかしさ
いん石が地球に
ふってきた！
スタート
96

きゃあ！火山のふん火だわ！
だから恐竜たち、あわててたのね！
いん石のしょうとつじゃあ！
急いで現代にもどるぞい！
データ
白亜紀
肉食
ギガノトサウルス
体が約13メートルもある、ティラノサウルスのように強くて大きい、白亜紀で最大級の肉食恐竜だった。
ゴール

こたえは299ページ

数日後…

バタバタ

おじいちゃん

はかせ

大変！

ボルトらしき化石が
ジュラ紀の地層から
発見されて
大さわぎに…

しもうたー！
1本回収
し忘れとったか！

おしまい

恐竜レポート 3

恐竜が絶めつした理由は？

地球上の王者だった恐竜がなぜ消えてしまったのか、理由を見てみよう！

理由その1

巨大いん石が地球に落下した!!

恐竜を絶めつさせたきっかけは、宇宙からふってきたいん石ではないかといわれているよ。約 6600 万年前の白亜紀の終わりごろ、メキシコのユカタン半島に、直径約 10 キロのいん石がぶつかった。

理由その2

地球が寒くなり食べ物がなくなった!!

いん石のしょうとつで大量のちりがまいあがり、地球の空をおおいつくした。ちりが太陽をかくしたために植物がかれ、草食恐竜はうえて死んでしまった。えものがいなくなれば肉食恐竜も生きられない。

理由その3

ほ乳類のように変化に対応できなかった!!

こうした地球の変化に恐竜は対応できなくて、その後も数百万年をかけて、ゆっくりと絶めつしていったんだ。一方、寒い気候でも体温を保てるほ乳類や空を飛べる鳥類は、きびしい変化の中を生きぬいた。

恐竜写真館 3
スピノサウルス(➡82ページ)の骨格
ワニのような口にするどいカギヅメ!
するどい歯と3本のカギヅメで魚をつかまえて食べていた。「トゲとかげ」という意味の名前はせなかの骨に由来。
ウシのような2本のツノ!
カルノタウルス(➡92ページ)の骨格
頭の骨がのびてできた2本のツノは、何に使われていたのかわかっていない。大きな鼻と小さな前足もとくちょうだ。

第4話

とつぜんゲームの世界にすいこまれてしまった3人。りゅうのすけはあいぼうのプテラノドンとともに、友だちを助けにゲームの世界をぼうけんする。

恐竜ゲームにすいこまれた!?

りゅうのすけ

ゲーム「恐竜大戦」が大好きな小学4年生。勇気があって、とてもたよりになる。

しょうた

りゅうのすけのクラスメイト。ちょっぴり気が弱いが、頭がいい。

らん

りゅうのすけやしょうたのクラスメイト。恐竜やゲームが大好き。

くそーっ負けた！

オレたちは今
新作ゲーム
『恐竜大戦』に
夢中だ！
最終ダンジョン
むずかしいな～
レベル
上げなきゃね

『恐竜大戦』っていうのは
仲間の恐竜たちといっしょに
悪い恐竜たちと戦う
アクションRPGゲームさ
しょうかん！
行け～!!

ちなみにオレは
プテラノドンが
いちばんの
あいぼうさ！
データ
白亜紀
肉食
プテラノドン
つばさを広げると7～8メートル
にもなる大型の翼竜類。くちばし
がとても大きく、歯はなかった。

もう1回
やろうぜ！
ピッ
友だちと協力して
ボスの恐竜と戦うまで
あと少しなんだ…

…えっ!?

うわぁ〜!

マンガめいろ 4

スタート

ゴール

こたえは300ページ

39
むずかしさ
もくひょう時間3分
キケン度
どっちが強い!?
しっぽ対決だ!
勝ち!
ゴール
スタート
ア

エウオプロケファルスの
しっぽには要注意だ！
いけ、おれのアンキロサウルス！
ルール
アかイのスタートを選んで進もう。
てきのこうげきを受ける回数が少
ないほうが「勝ち」のゴールにつくよ。
てきのこうげき
データ
白亜紀
草食
エウオプロケファルス
よろい竜の仲間で、しっぽに骨で
できたハンマーがあった。体は固
いよろいでおおわれていた。
負け…
ゴール
イ
スタート
こたえは300ページ

40
もくひょう時間（じかん）3分（ぷん）
キケン度（ど）
むずかしさ
きょうぼうだぞ!
アロサウルス!
スタート
かぞえて
葉（は）っぱ

うわあ、今度はアロサウルスがおそってきた〜！
こ、これはキケンね！りゅうのすけ、にげましょう！
データ
ジュラ紀
肉食
アロサウルス
目の上にツノのような小さなとっきがある。口の中にはうすくナイフみたいな歯がならんでいた。
ゴール

こたえは300ページ

41
むずかしさ
もくひょう時間 2 分
キケン度
つたをかみきれ!
トルボサウルス
ガブ!
ガブ!
ガブ!
ガブ!
ガブ!
ガブ!
スタート

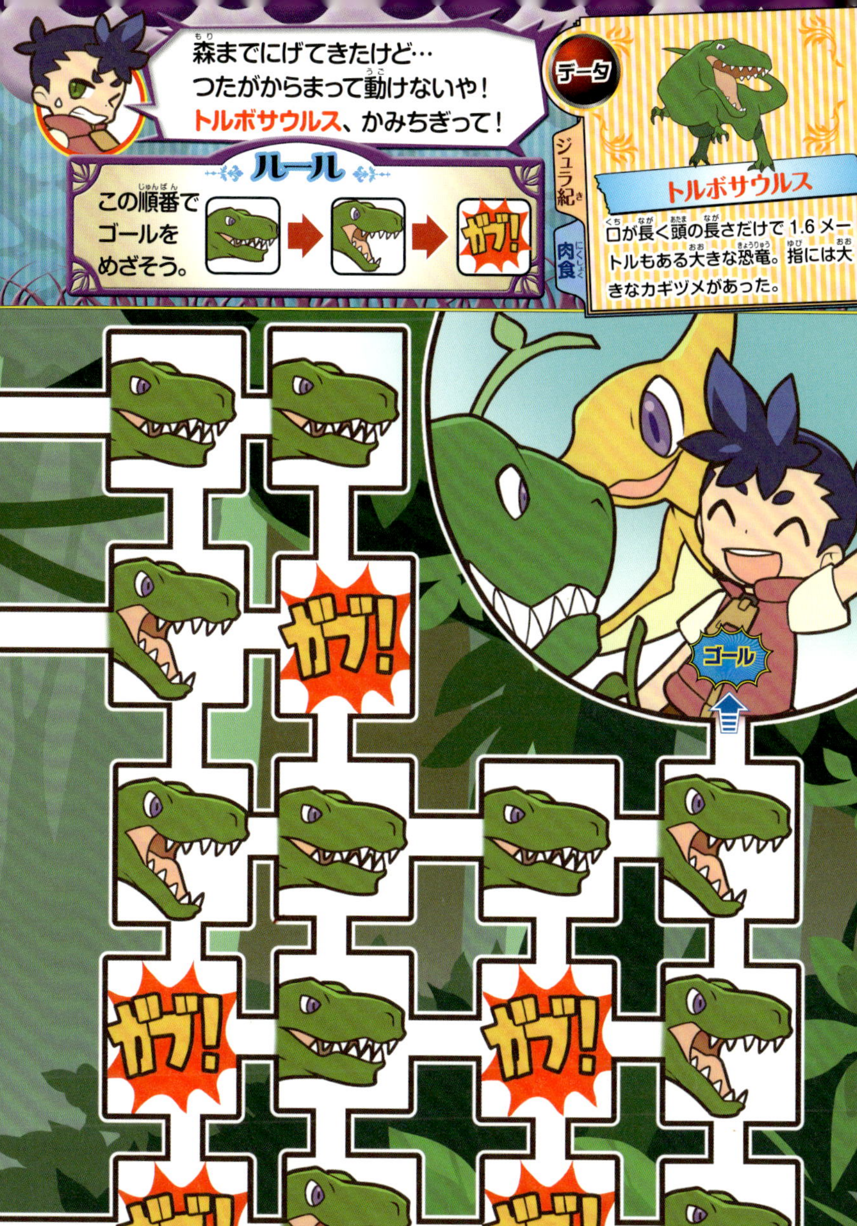
森までにげてきたけど…
つたがからまって動けないや！
トルボサウルス、かみちぎって！
ルール
この順番でゴールをめざそう。
ガブ！
データ
ジュラ紀
肉食
トルボサウルス
口が長く頭の長さだけで 1.6 メートルもある大きな恐竜。指には大きなカギヅメがあった。
ガブ！
ゴール
ガブ！
ガブ！
ガブ！
ガブ！

42
もくひょう時間 1 分
キケン度
ユタラプトルに
気をつけて！
むずかしさ
スタート
みつけて

ふう、なんとか脱出できたね。
あ、あそこにしょうたがいたぞ！
いそいであの山まで
向かいましょう！ ユタラプトルに
見つからないように…
データ
白亜紀
肉食
ユタラプトル
アメリカのユタという場所で見つかった恐竜。狩りが得意で、すばやく動いてえものをとらえる。
ゴール

こたえは301ページ

43
むずかしさ
もくひょう時間 1 分
キケン度
しょうたを
ぶじに助けだせ!
スタート

しょうたはサウロファガナックスにつかまっていたのか！待ってろよ！今助けるぞ！
ルール
サウロファガナックスのこうげきマークをよけながら、ゴールをめざそう。
こうげきマーク
データ
ジュラ紀
肉食
サウロファガナックス
体のサイズが約12メートルもあるジュラ紀では最大級の巨大な恐竜。「は虫類食いの王」という名前。
ゴール
こたえは301ページ

さがして
44
むずかしさ
もくひょう時間 3 分
キケン度
知恵くらべ対決にチャレンジ!

レンズに写っているのは、右の写真の
どの部分かわかるかな？

白亜紀
草食

パキケファロサウルス

体のサイズは5メートルほど。頭の骨がドームのような形をして、あつくて固いのがとくちょうだ。

こたえは301ページ

45
むずかしさ
もくひょう時間 3分
キケン度
らんを助けにひとっ飛びだ!
スタート
10
0
10
0
10
10

よーし！地図を手に入れたし
らんちゃんを助けにいこう！
ルール
合計の数字が 100 になるようにゴールをめざそう。マジュンガサウルスがいるところは通れない。
データ
白亜紀
肉食
マジュンガサウルス
マダガスカルのマジュンガという場所で見つかった恐竜。頭に1本のツノがあり、首の骨は固い。
ゴール
20
0
10
10
10
20
10
30

46
むずかしさ
もくひょう時間 3 分
キケン度
恐竜にのって
とっぱしよう!
スタート

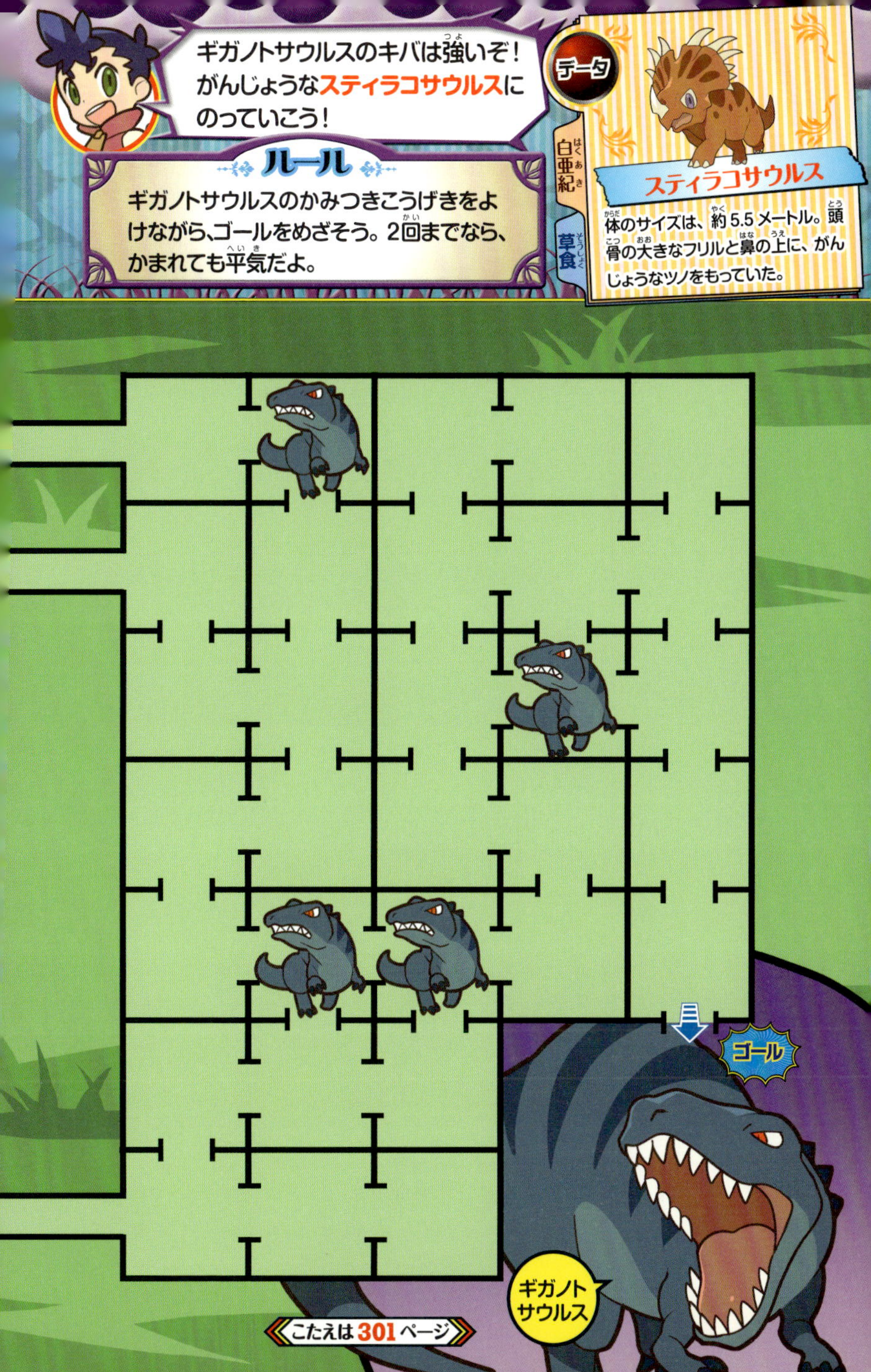

ギガノトサウルスのキバは強いぞ！
がんじょうなスティラコサウルスに
のっていこう！
ルール
ギガノトサウルスのかみつきこうげきをよけながら、ゴールをめざそう。2回までなら、かまれても平気だよ。
データ
白亜紀
草食
スティラコサウルス
体のサイズは、約5.5メートル。頭骨の大きなフリルと鼻の上に、がんじょうなツノをもっていた。
ゴール
ギガノトサウルス

こたえは301ページ

47
もくひょう時間 3分
キケン度
地図をバラバラにされちゃった!
むずかしさ
スタート
120

りゅうのすけ、大変！
地図がバラバラに
切られちゃったよ！
ルール
アクティラムスにバラバラにされてしまった地図のはへんをすべて集めて、ゴールをめざそう。
データ
古生代
肉食
アクティラムス
体のサイズが約 2.5 メートルもある巨大なウミサソリ。シルル紀やデボン紀に生きていた。
ゴール

こたえは302ページ

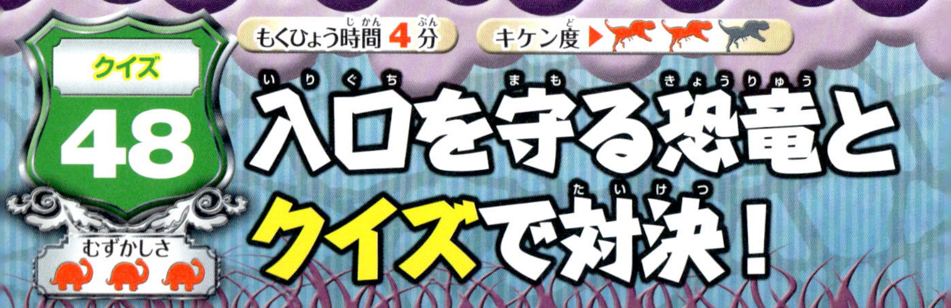

入口を守る恐竜とクイズで対決！

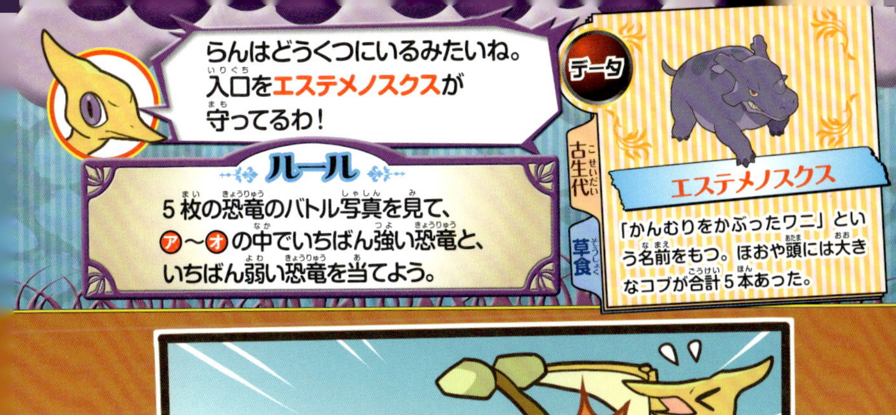

ルール

5枚の恐竜のバトル写真を見て、ア～オの中でいちばん強い恐竜と、いちばん弱い恐竜を当てよう。

データ

古生代　草食

エステメノスクス

「かんむりをかぶったワニ」という名前をもつ。ほおや頭には大きなコブが合計5本あった。

こたえは302ページ

49
むずかしさ
もくひょう時間 2分
キケン度
めいろのような
どうくつを進もう!
3
4
2
2
4
1
3
5
6
スタート

うわっ、メソサウルスがうろうろしてる。しんちょうに進まないと…。らんちゃん、ぶじかな…？
ルール
1から10の順番に進みながら、ゴールをめざそう。
データ
古生代
肉食
メソサウルス
陸から水中で生活するようになった両生類。長いしっぽにはひれがあり、とても速く泳げたらしい。
6
10
10
ゴール
7
9
8
7
8

こたえは302ページ

50
むずかしさ
もくひょう時間 3分
キケン度
最強の肉食魚から
らんをすくいだせ！
スタート
ミニクイズ
ダンクルオステウスの体重は？
①約1トン ②約4トン ③約10トン

あっ！らんがいたぞ！
ダンクルオステウスに
つかまっていたのか!!
助けにきてくれたのね！
みんな、気をつけて!!
データ
古生代
肉食
ダンクルオステウス
体のサイズが約10メートルもある、最強の肉食魚。頭やむねは固い骨のよろいで守られていたんだ。
ゴール
こたえは302ページ

パラプゾシアが出口へあんない！

ミニクイズ

パラプゾシアのカラの大きさは？

1. 約 50 センチ
2. 約 1 メートル
3. 約 2 メートル

スタート

見て、大きなアンモナイトがこっちを見てるわ！

帰り道を教えてくれているみたいだね。よかった、これで外に出られる……

データ

白亜紀

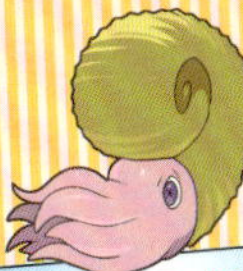

カラがとても大きく、史上最大級のアンモナイト。じつはタコやイカと同じ仲間の軟体動物だ。

ゴール

こたえは302ページ

……
はっ!!

あれ…?
ぼくたちたしか
ゲームの中に
入って…
なんか頭が
ボーッとするね
みんなで
ねちゃって
たのかな?

あ…! もうこんな
時間だよ
いそいで
帰らないと!

りゅうのすけ
ありがとう!
えっ
!?

みんな
待ってよ〜!
やっぱり夢じゃ
なかった…!!
おしまい

恐竜レポート 4

恐竜が絶めつしたあとの世界！

恐竜がいなくなったあと、生き残ったほ乳類はどんどん進化をとげたよ。

地球の時代は「中生代」から「新生代」に！

中生代	新生代		
白亜紀	古第三紀	新第三紀	第四紀

今はこの時代（第四紀）

約6600万年前に、陸上でもっとも大きかった恐竜がいなくなったあとは「ほ乳類の時代」とよばれる新生代がやってくるぞ。ほ乳類は恐竜と同じ時代にもくらしていたけど、恐竜がいなくなってからさかえはじめたんだ。

←約1万年前にいた、ヒグマの3倍も大きいほ乳類のメガテリウム。

新生代の新第三紀には大型ほ乳類がたん生！

新第三紀に陸上で最大だったのが、高さ7メートルほどのパラケラテリウム。第四紀になると地球全体が寒くなる氷河期に入り、ケナガマンモスなどが進化したんだ。霊長類の中から人類の祖先も生まれたよ。

↑氷河期には、寒い気候でケナガマンモスの毛が長く進化。

←新生代にさかえたという、大型ほ乳類のパラケラテリウム。

恐竜写真館 4
ダンクルオステウス
(➡126ページ)の頭がいこつ
りっぱなアゴのかむ力は5トンあったといわれている。古生代から現代までの魚類で、アゴの力は最強とされている。
魚類最強のかむ力を生む強じんなアゴ!
ウミサソリ
の化石
アクティラムス(➡120ページ)と同じウミサソリの仲間の化石。全長は約2.5メートル、ハサミが約30センチもある化石が見つかっている。
人間と同じ
大きさのサソリ!

第5話
恐竜ランドへようこそ！
ふくびきで当てたチケットで恐竜ランドへ！ 家族4人で見学していると、恐竜たちがさくをこわして大あばれ！ 恐竜ランドは大変なことになり…!?
じょうたろう
恐竜が大好きな小学3年生。恐竜の写真をとろうと、気合を入れている。
かれん
じょうたろうのいもうと。お兄ちゃんっ子で、とってもあまえんぼう。
パパ&ママ
やさしいパパとママ。子どもたちのことをいつもあたたかく見守っている。

わあっ！着いたよ！

ママが商店街のふくびきを当てて「恐竜ランド」へ家族旅行をすることになったんだ

こっちかな

マンガめいろ 5

スタート

ゴール

こたえは303ページ

52 ベロキラプトルはおひるね中！

ベロキラプトルだ！ かっこいい！
ねむっているやつがいるな。
夜行せいだからねむいんだね。
ルール
起きているベロキラプトルだけを通りながら、
ゴールをめざそう。
データ
白亜紀
肉食
ベロキラプトル
名前は「すばやいどろぼう」という意味。前足に羽毛がついていて、つばさがあったといわれている。
ゴール

こたえは303ページ

53
むずかしさ
もくひょう時間 3 分
キケン度
ガラスの向こうにケラトサウルス！
スタート

お兄ちゃん、こっちにケラトサウルスがいるよ！かっこいい写真をとってね！
きゃあ、びっくりした！ガラスの向こうにいるのね…。すごいはく力だわ！
データ
ジュラ紀
肉食
ケラトサウルス
鼻の頭にツノと、せなかに小さな皮ふの板がならんでいる。名前は「ツノのあるトカゲ」という意味。
ゴール
こたえは303ページ

スタート

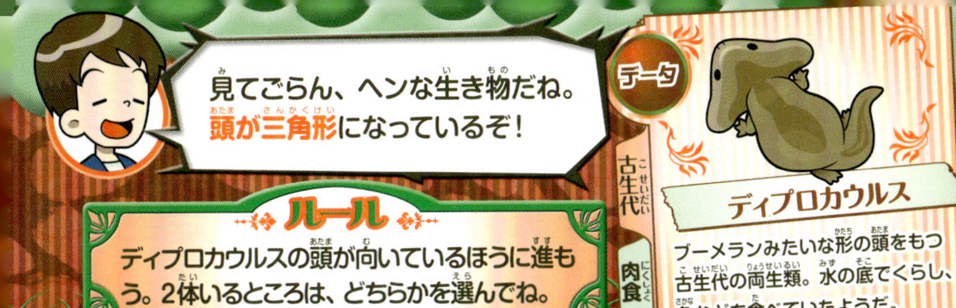

ゴール

こたえは304ページ

クイズ
55
もくひょう時間3分
キケン度
中庭にも
恐竜がいっぱい！
むずかしさ

みんな！見てよぼくの写真！
すっげーカッコイイだろ？
いろんな恐竜をとったんだ～。
ルール
4枚の写真の中に全部で何種類の恐竜が写っているか、わかるかな？
データ
白亜紀
肉食
スコミムス
名前は「ワニもどき」という意味。前足に大きなカギヅメがあり、口先が長く、頭はワニに似ている。
かぞえて！
メモちょう
こたえは304ページ
143

屋外エリアにはネメグトサウルス！

ドア

カギ

スタート

あのドアを開けたら
屋外エリアに出るみたいだよ。
おや、もう夕方みたいだね。
ルール
とちゅうで落ちているカギを拾えば、ドアを開けられるよ。屋外エリアのゴールをめざそう。
データ
白亜紀
草食
ネメグトサウルス
ネメグトという場所で見つかった恐竜。口の中には、エンピツみたいな形の歯がならんでいる。
ゴール
こたえは304ページ

57
むずかしさ
もくひょう時間 2 分
キケン度
ジュラベナトルがにげだした!?
スタート

うわあ！　恐竜がオリの外にいる！
係員さんと協力して
つかまえてオリにもどさないと…！
ルール
すべてのジュラベナトルをつかまえて、
ゴールをめざそう。
データ
ジュラ紀
肉食
ジュラベナトル
長いしっぽをもち、体は約70センチと小さい。目が大きいことから夜行せいだったと考えられる。
ミニクイズ
ジュラベナトルの「ジュラ」の意味は？
1 ジュラ紀
2 ジュラ山脈
3 ジュラ湖
ゴール

こたえは304ページ

58
むずかしさ
もくひょう時間 3分
キケン度
にげおくれた人を助けてあげよう!
ア
イ
ウ
エ

ディロフォサウルスがあばれてる!?
にげおくれた人を助けなきゃ…!!
安全なところにつれていきましょう!
データ
ジュラ紀
肉食
ディロフォサウルス
名前は「2つのとさかをもつトカゲ」という意味。口先が細く、頭に大きな2つのとさかがある。
ルール
ディロフォサウルスにおそわれている人を助けられるのは、ア〜エのうちどのスタートかな?
にげおくれた人
ゴール
こたえは305ページ

59
もくひょう時間 3 分
キケン度
あばれんぼう!
ギラファティタン
むずかしさ
スタート

きゃあ、恐竜がオリをこわしそう！
わたしたちに気づいたみたい！
こ、これはどうなってるんだ!?
恐竜がきょうぼうで
まったく安全じゃないぞ！
データ
ギラファティタン
ジュラ紀
草食
約23メートルもの大きさで、砂ばくで骨が見つかった。名前は、「大きなキリン」という意味。
ゴール
かぞえて
花

こたえは305ページ

60
むずかしさ
もくひょう時間 2分
キケン度
大事な写真を取りもどそう!
スタート

プテロダクティルスが写真をばらまいてしまった。道に落ちているすべての写真を拾って、ゴールをめざそう。

大きくてがっしりとしたつばさで、空を飛んでいた翼竜の仲間。昆虫や魚を食べていたらしい。

ゴール

こたえは305ページ

61
もくひょう時間 3 分
キケン度
きけん! プロケラトサウルスをよけろ!
むずかしさ
ア
イ
ウ

じょうお兄ちゃん、どうしよう…。
ママやパパとはぐれちゃったよ〜。
ルール
プロケラトサウルスに会わずにゴールできるのは、ア〜ウのスタートのうちどれかな？
データ
ジュラ紀
肉食
プロケラトサウルス
頭の骨だけ見つかっていて、鼻の上に小さなツノがある。体の大きさは約5メートルだったらしい。
みつけて
ゴール
こたえは305ページ

クイズ
62
むずかしさ
もくひょう時間 4分
キケン度
ルゴプスから
にげきろう!
安全な道
●ヘルメットを4つ拾える
●エサがある道はキケン
●道のそばに
赤いカンバンがある
落ちているかれんの
リボンを拾おう!

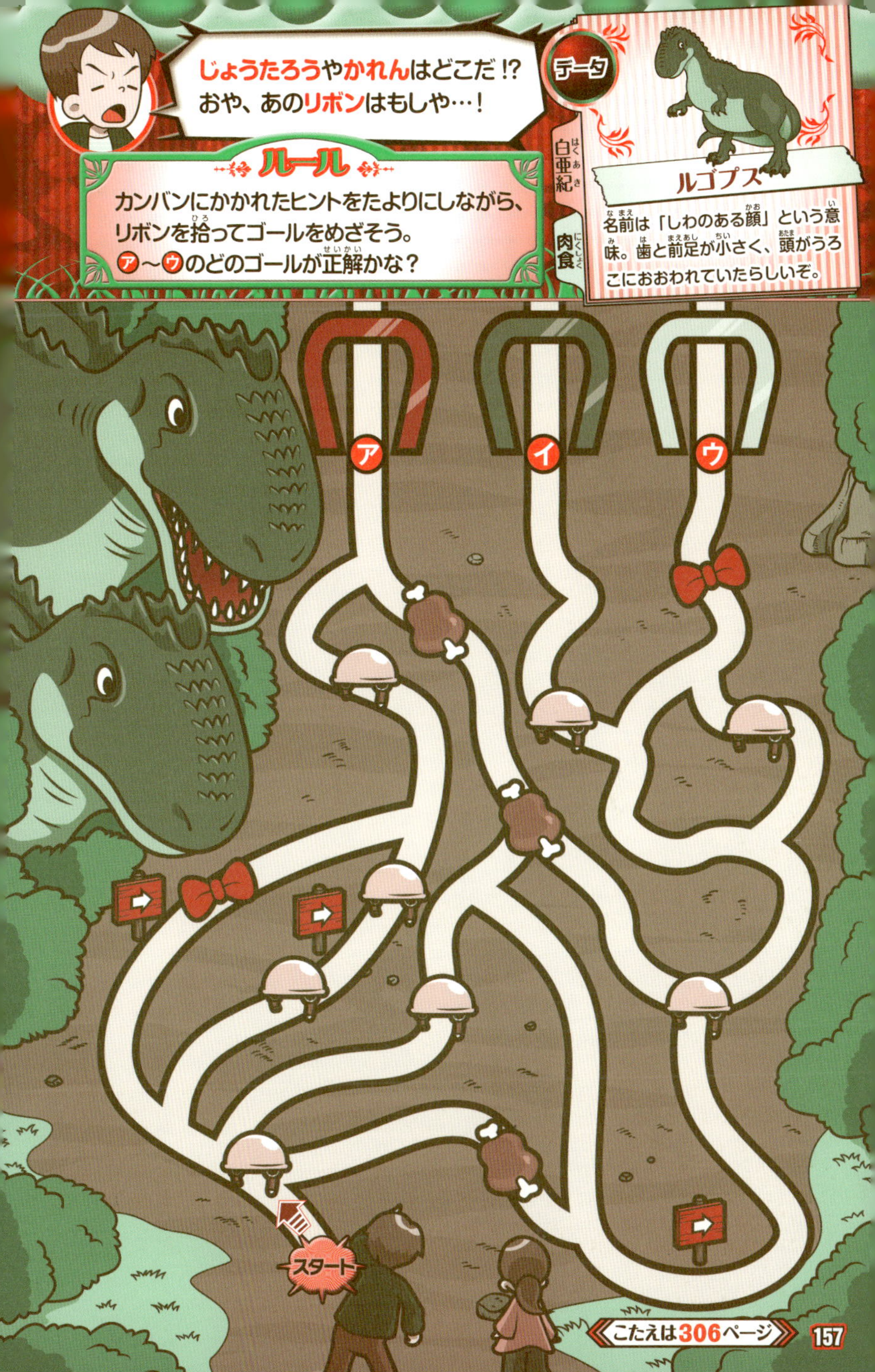

じょうたろうやかれんはどこだ!?
おや、あのリボンはもしや…!
ルール
カンバンにかかれたヒントをたよりにしながら、リボンを拾ってゴールをめざそう。
ア～ウのどのゴールが正解かな?
データ
白亜紀
肉食
ルゴプス
名前は「しわのある顔」という意味。歯と前足が小さく、頭がうろこにおおわれていたらしいぞ。
ア
イ
ウ
スタート
こたえは306ページ

63
むずかしさ
もくひょう時間 5 分
キケン度
アノマロカリスのすみかをぬけよう!
スタート
ア
イ
スタート

あっちがわにパパとママがいるぞ！
このエビみたいなやつ、ジャマだな。
ルール
スタート㋐・㋑からそれぞれスタートして、
アロマノカリスや恐竜がいない道を進もう。
めいろは次のページもつづくよ。
データ
古生代
肉食
アノマロカリス
カンブリア紀でいちばん大きな生物。体の大きさは約1メートルで、エビに似たような形をしていた。
次のページへ
次のページへ

前(まえ)のページから
前(まえ)のページから

こたえは306ページ

ええええーっ!

じゃあすべて
演出だったのかい?

なーんだ

はい!
にげているフリを
していたんです〜

また
お待ちして
いますねー!

バイバーイ!

おしまい

恐竜レポート 5

恐竜は今も生きている!?

恐竜は大昔の生き物だけど、その子孫は今もまだ生きているんだって！

現在の「鳥類」は恐竜の子孫!?

ミクロラプトル（➡274ページ）やシノサウロプテリクス（➡268ページ）など、羽毛のはえた恐竜が見つかったことで、鳥類は恐竜から進化したと考えられている。でも恐竜からどう進化したのかは研究中なんだ。

恐竜

進化

恐竜の一部が鳥に進化した!

羽毛が発達して、恐竜から進化していった鳥類。飛ぶ力を高めるために、大きなつばさや軽い体重など、体の作りをどんどん変化させていったよ。

中生代の白亜紀に…

絶めつ

鳥類

進化

進化したけど…ほろびてしまった「恐鳥類」！

羽が小さくなり、体が大きくなったのが恐鳥類。最大のガストルニスは2メートルもあり、長い足で歩いていた。

恐鳥類

ハトやスズメの先祖が恐竜!?

大昔の恐竜の血を引いている鳥類。身近な鳥を見てみると、恐竜のとくちょうとよく似ている鳥がいるかもしれないよ。

現代の鳥類

恐竜写真館
5
ケラトサウルス
(➡138ページ)の化石
鼻先のとっきのようなツノと、せなかにならんでいる板がとくちょう。上アゴの歯が体の大きさにくらべてかなり大きい。
鼻の頭には小さなツノ!
アノマロカリス
(➡158ページ)の触手の化石
エサをつかまえるトゲつきの触手!
口の両側からはえた2本の触手には、下側にトゲがついていた。つかまえたエサをつかんでにがさないためだという。

第6話
トリケラトプス界のトップアイドル、あやねちゃんが病気になったという。けいいちろうは、いちばんにおみまいに行こうとするが…!?
トリケラトプスの大ぼうけん!
けいいちろう
あやねちゃんが大好きなトリケラトプスの子ども。小さくてもゆうかん。
あやね
病気になってしまった人気のアイドル。笑顔がチャーミングでかわいい。

み みんな～！
たっ 大変
だよぉ～!!
ドドドド
あやねちゃんが
病気になった
らしいんだ！
えぇーっ！
データ
白亜紀
草食
トリケラトプス
ひたいに２本、鼻の上に１本のツノがある。アメリカのさばくで右半身の完全な化石が見つかった。
あやねちゃんというのは
ボクらの仲間のトップアイドルさ
そうだ！
ボクおみまいに
行ってくる！
それは
いいけど…
あやねちゃんの
おうちはけっこう
遠いよ？
いちばんにおみまいに行って
あやねちゃんともっと
親しくなるんだもんねー！
平気平気！ 行ってきまーす

マンガめいろ 6

スタート

よーし
行くぞ!

ゴール

こたえは307ページ

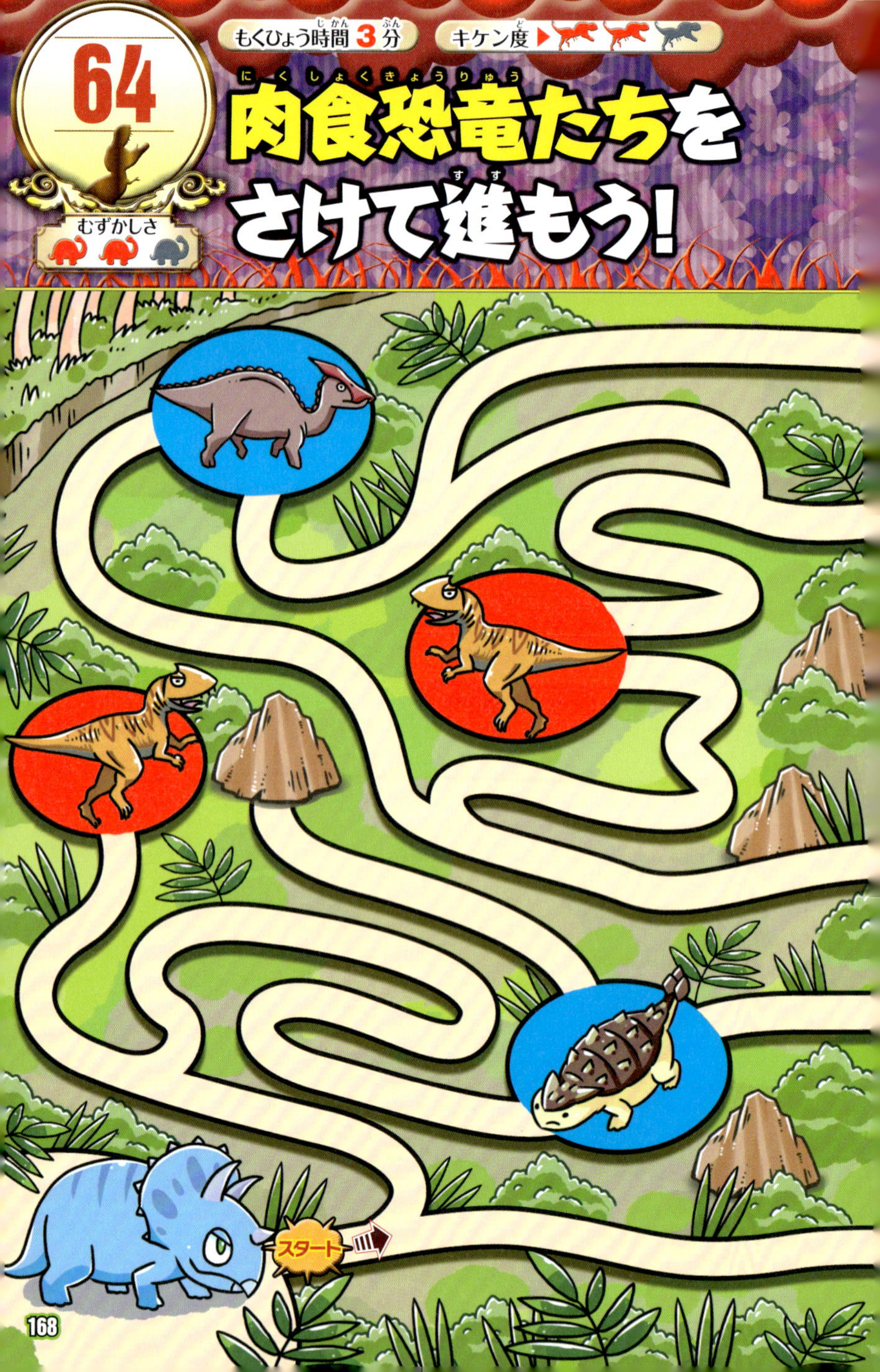
64
むずかしさ
もくひょう時間3分
キケン度
肉食恐竜たちをさけて進もう!
スタート

草原にこわ～い恐竜がいっぱいじゃないか…！ 肉食恐竜に見つからないように進まなきゃ…。
ルール
背景が青い草食恐竜だけを通ってゴールをめざそう。背景が赤い肉食恐竜は通れないよ。
データ
白亜紀
草食
サウロロフス
奥歯がはえ変わるハドロサウルス（➡44ページ）の仲間。頭の上にとさかがあるのがとくちょうだ。
ゴール
こたえは307ページ

65
むずかしさ
もくひょう時間3分
キケン度
まるで山みたい!
アラモサウルス
スタート
170

あれれ、行き止まりかな…っと
思ったらアラモサウルスくん!
大きいから山かと思ったよ。
そこにいると道をふさいで
通れないから、ちょっとどいてー!
データ
白亜紀
草食
アラモサウルス
北アメリカのアラモという場所で
見つかった恐竜。体のサイズは、
21～30メートルくらいある。
ゴール
ミニクイズ
アラモサウルスは
何類の恐竜かな?
①竜脚形類 ②獣脚類
③鳥類

こたえは307ページ

66
もくひょう時間 2分
キケン度
ガリミムスは
おひるね中！
むずかしさ
スタート

あれ、ガリミムスくんが
道のとちゅうでねちゃってるぞ！
じゃましないよう進まなきゃ…。
ルール
ガリミムスがいる道をよけて
ゴールをめざそう。
データ
白亜紀
草食
ガリミムス
小さな頭に大きな目、はば広い
くちばしなどダチョウと似ている。
しっぽが長く、走るのに向いている。
ゴール
こたえは307ページ

67
むずかしさ
もくひょう時間3分
キケン度
助けて！
ドラコレックス
スタート

肉食恐竜のティラノサウルスだ！
やさしいドラコレックスくんに
助けてもらおう…！
ルール
ドラコレックスがいる道を通ってゴールをめざそう。ティラノサウルスがいる道は通れないよ。
データ
白亜紀
草食
ドラコレックス
名前は「竜の王」という意味。パキケファロサウルス（➡114ページ）の子どもではないかという説も。
ゴール

こたえは308ページ

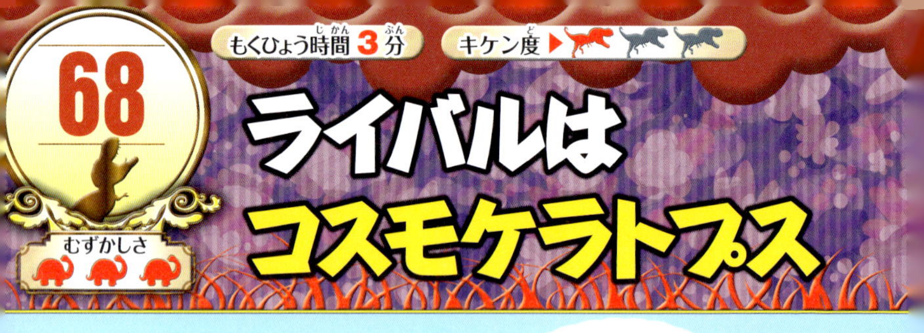

スタート

あっ、おまえはライバルの
コスモケラトプスじゃないか！
通せんぼするなんて
イジワルだなあ。
データ
白亜紀
草食
コスモケラトプス
目の上にあるツノは、下に向かって曲がっている。大きなフリルにも、10本のツノがあった。
ミニクイズ
コスモケラトプスはどの恐竜の仲間？
①ステゴサウルス
②メガロサウルス
③カスモサウルス
ゴール

こたえは308ページ

69
むずかしさ
もくひょう時間 3 分
キケン度
スティギモロクに
のってとっぱだ！
スタート

うわっ、またティラノサウルスがやってきた！ スティギモロクくんの頭つきでとっぱしよう！
ルール
この順番でゴールをめざそう。
データ
白亜紀
草食
スティギモロク
「ステュクス川の悪魔」というおそろしい名前の恐竜。頭には大きなコブと、長いツノがあった。
ゴール
こたえは308ページ

70
もくひょう時間 2 分
キケン度
デイノスクスは
川のぬし!
むずかしさ
スタート

わあ、大きな川だなあ。
わたりたいけど、こわ〜い
デイノスクスだらけだ！
ルール
デイノスクスがいる道を
よけてゴールをめざそう。
データ
白亜紀
肉食
デイノスクス
陸に住んでいた、世界でいちばん大きなワニ。大きさは8メートルから15メートルぐらいあった。
ゴール
こたえは308ページ

71
むずかしさ
もくひょう時間 3 分
キケン度
川をわたった先に
また肉食恐竜だ〜!
レ
ダ
レ
カ
サ
マ
レ
マ
ダ
ダ
レ
スタート
みつけて

反対岸にはドロマエオサウルスが
待ちかまえてたよ〜！　もうやだ〜！
ルール
ドロマエオサウルスをさけ、道の文字を続けて読みながらゴールをめざそう。トリケラトプスはなんていっている？
データ
白亜紀
肉食
ドロマエオサウルス
サイズは大きなイヌくらい。下アゴには、するどくてがんじょうな歯がずらりと並んでいた。
タ
ス
ヌ
ケ
タ
ケ
ロ
テ
ゴール

こたえは308ページ

72
むずかしさ
もくひょう時間 3 分
キケン度
ニクトサウルスで
ひとっ飛びだ!
かぞえて
カエル
スタート

ニクトサウルスくんがせなかに
のせてくれるって！ 助かった〜。
お礼にお魚をとってあげるね。
ルール
いちばん多く魚がとれる道を通って
ゴールをめざそう。
データ
白亜紀
肉食
ニクトサウルス
翼竜類で、プテラノドン（➡102ページ）の仲間。頭の骨にくらべて3倍くらい長く大きなとさかをもつ。
ゴール

こたえは309ページ

73
むずかしさ
もくひょう時間 3 分
キケン度
なんでも知ってる!
パキリノサウルス
花を
見つけるのは
大変だぞ
まず森へ
行きな
女の子に
プレゼント?
花がいいよ!
おれ知らん
別のやつに
聞け
スタート

あやねちゃんには何をおみやげにしようかな…。パキリノサウルスくんに聞いてみよう！
ルール
パキリノサウルスが教えてくれる情報をすべて通ってゴールをめざそう。
データ
白亜紀
草食
パキリノサウルス
トリケラトプスの仲間の中では、いちばん大きな恐竜。鼻の上には、でこぼこしたコブがあった。
川をわたれよ
湖に行くんだ
はかばの先に花園があるぞ
恐竜のはかばを通れ
ゴール

こたえは309ページ

74
もくひょう時間 1 分
お花畑はどこかな?
むずかしさ
パキリノサウルスくんに教わった
お花畑に行ってみよう!
ゴール
スタート
こたえは309ページ

さがして
75
むずかしさ
もくひょう時間 2 分
おみやげをさがそう!
ルール
サウロロフスが教えてくれた花と同じ花を、
花畑のア〜キの中から見つけて!
サウロロフス
ア
イ
ウ
エ
オ
カ
キ
こたえは309ページ

76
むずかしさ
もくひょう時間4分
キケン度
ガールフレンドの家まであと少し!
スタート

おみやげもゲットしたし、あとはマプサウルスがいる丘をこえるだけだ。あやねちゃん、待っててね！
ルール
マプサウルスがいる道をよけながらゴールをめざそう。次のページもめいろは続くよ。
データ
白亜紀
肉食
マプサウルス
大きさや歯のとくちょうがギガノトサウルス（➡96ページ）に似ている肉食恐竜。群れで生活していた。
次のページへ
次のページへ
次のページへ

こたえは309ページ

もくひょう時間 2 分

さがして

77 あやねがいっぱい!?

むずかしさ

ルール　ヒントをたよりに、ア〜オから
あやねちゃんを当てよう。

あやねちゃんの
姉妹ってみんな似てるな!
たしかあやねちゃんは…。

ヒント1 ツノは3本あったよな

ヒント2 フリルにトゲが
あったよな

ア

イ

ウ

エ

オ

こたえは309ページ

おみまい
どうもありがとう
あやねちゃん!
ボ…ボクは
キミのことが
すっ…すっ…!
ドキドキ
あ あのね
トリケラくん
じつは…
え?
あれ
まさか
お前も…!?
ゾロ
ゾロ
ゾロ
みんなから
同じお花を
もらっちゃって…
ちょっと
置き場に
こまってるの
ドーン
おみまいは
ボクが
いちばんだと
思ったのに〜!
ボクらも
来ちゃった
ぬけがけは
ズルイぞ!
ガーン
おしまい

恐竜レポート 6

恐竜と同時代の植物ってどんなの？

古生代や中生代には、いったいどんな植物がはえていたのかな？

先カンブリア時代	
古生代	カンブリア紀
	オルドビス紀
	シルル紀
	デボン紀
	石炭紀
	ペルム紀
中生代	三畳紀
	ジュラ紀
	白亜紀

はじめて水中から出て地上にはえたのはクックソニア！

シダでもコケでもない、リニア状植物という特別な植物に分類されるよ。クックソニアが出現後、多くの植物が陸上に生まれたんだ。

デボン紀にはシダ植物の大森林！石炭紀には空飛ぶ昆虫も登場！

古生代の中ごろになると、地球の上はシダ植物だらけに！ このころメガネウラ（➡248ページ）などの大きな昆虫が空を飛びはじめた。

白亜紀になると植物が進化！被子植物があらわれた！

ジュラ紀までは、シダ植物と裸子植物がほとんどだったけど、白亜紀には被子植物がたん生。カラフルな花がさくようになったぞ。

恐竜写真館
6
トリケラトプス
(➡166ページ)の骨格
トリケラトプスの仲間によって、フリルやツノの形はさまざま。歯はくちばしの奥にあり、三角形にとがっていた。
大きなフリルと
鳥のようなくちばし!
ガリミムス
(➡172ページ)の
頭部
ぎょろりとした大きな目!
頭に対して目が大きく、長いくちばしをもっていたことが化石からわかる。くちばしには歯がなかったようだ。

第7話
恐竜ミュージアムで大あばれ!
恐竜が大好きな4人組は、夜中に恐竜ミュージアムへしのびこむことを思いつく。すると、とつぜん恐竜たちが動きだして…!?
るい
ステゴサウルスが大好きな男の子。グループのたよれるリーダーだ。
しゅんたろう
気が弱いけどやさしい。いつもお気に入りのぼうしをかぶっている。
なるみ
気が強くてパワフルな女の子。友だち思いでたよりがいがある。
みつき
おっとりのんびりタイプ。こわがりで、暗いところはちょっとニガテ。

恐竜ミュージアム すごく楽しかったね!
もうすぐ終わっちゃうの さびしいね〜
んー

そうだ! 夜のミュージアムにしのびこまない?
だれもいないし じっくり見学できそう!

楽しそう!
見つかったら大変だよ…
うわぁ!
ちょっとこわいわ…
だいじょうぶさ
少しだけ見学してから帰ればいいよ!

じゃあ今夜7時に入口前に集合だ!
おー!

その夜…
ホー ホー

マンガめいろ 7

出発だ!

スタート

ゴール

こたえは310ページ

78
むずかしさ
もくひょう時間 3分
キケン度
ステゴサウルスを見にいこう!
みつけて
スタート

夜のしずかなミュージアムって
なんだかワクワクするね！
ガードマンがいっぱいいるぞ…。
ルール
ガードマンがいる道をよけながら、
ゴールをめざそう。
データ
ジュラ紀
草食
ステゴサウルス
剣竜類という恐竜の仲間だよ。か
たからしっぽにかけて大きな骨の
板が、たがいちがいにならんでいる。
ゴール

こたえは310ページ

79
もくひょう時間3分
キケン度
ブキミにたたずむ
ルヤンゴサウルス
むずかしさ
みつけて
スタート

わ〜！ ルヤンゴサウルスの骨だ！
昼も見たけどやっぱり大きいね！
人がいないからじっくり見られるね。…でも明かりが暗いからちょっとブキミね…。
データ
白亜紀
草食
ルヤンゴサウルス
中国で発見された、超巨大な恐竜。体のサイズ 38 メートル、重さは 130 トン、高さは 14 メートルあった。
ゴール
こたえは 310 ページ

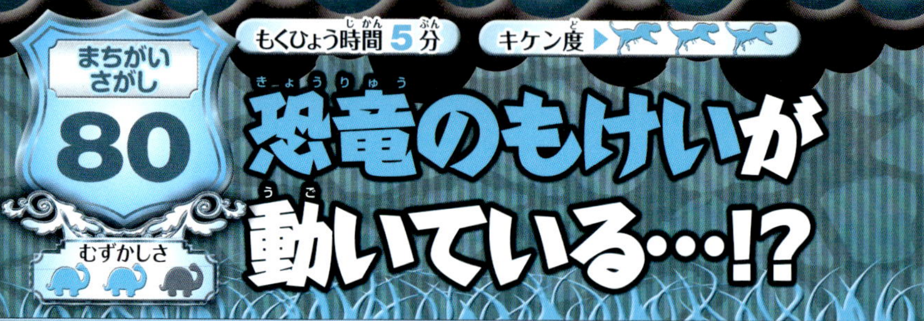

恐竜のもけいが動いている…!?

窓から中庭の恐竜のもけいが見えるね！　……あれ？何か今、動いたような…？

右の絵と左の絵ではちがうところが7つあるよ。全部見つけられるかな？

ジュラ紀

肉食

クリオロフォサウルス

名前は「こおったとさかをもつトカゲ」という意味。目の上におうぎのような形のとさかがある。

こたえは310ページ

クイズ
81
むずかしさ
もくひょう時間4分
キケン度
バロサウルスが動きだした!?
スタート

キャ〜〜!? みんな、見て!!
中庭でバロサウルスが
動き回っているわ！
ど、どういうこと!?
もけいの恐竜が勝手に
動きだすなんて!!
データ
ジュラ紀
草食
バロサウルス
ディプロドクス（➡64ページ）に似ているが、より首が長く、しっぽは短め。約20〜27メートル。
こたえは311ページ
ゴール

82
もくひょう時間 1分
キケン度
ディロングが
おそってきた〜！
むずかしさ
スタート
208

うわあああー！
骨だけのディロングが
あばれだしたよ〜〜！
あっちの暗いほうへ
にげましょう！ ……あれ？
ふたりとはぐれちゃった…。
データ
白亜紀
肉食
ディロング
名前は「皇帝の竜」という意味。ティラノサウルス（➡72ページ）の仲間で、羽毛がはえていたらしい。
ゴール

こたえは311ページ

83
もくひょう時間2分
キケン度
大きな声で鳴く
ランベオサウルス
むずかしさ
スタート
ソ
ファ
ミ
レ
ミ
ド
ファ
ミ
レ
ファ
ミ
ファ
ソ
ソ
ソ
ラ

今度はランベオサウルスのもけいが鳴きさけんでいるよ！何かを伝えようとしている…？
データ
白亜紀
草食
ランベオサウルス
頭のとさかの中が鼻の穴につながっていて、大きな声を出すことができたらしい。ラムという人が発見。
ルール
ド➡レ➡ミ➡ファ➡ソ➡ラ➡シ➡ド➡レ➡ミ➡ファ➡ソ➡ラ➡シ➡ドの順番でゴールをめざそう。
ラ
ド
シ
レ
ド
シ
ド
シ
シ
シ
ド
ラ
ゴール
かぞえて
音符
こたえは311ページ

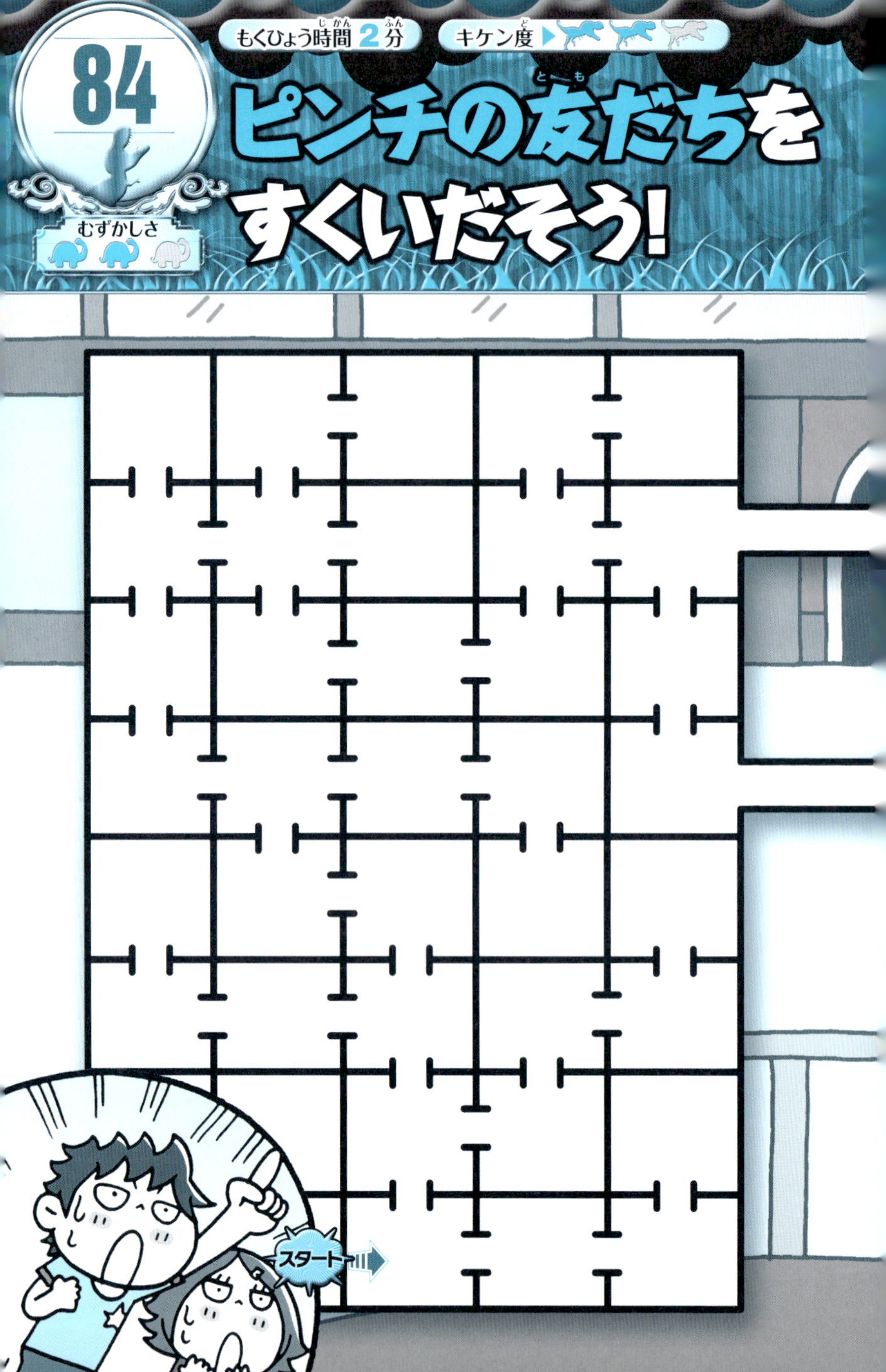
84
もくひょう時間 2分
キケン度
ピンチの友だちをすくいだそう!
むずかしさ
スタート

みつきがいた！ …おそわれてる!?
ランベオサウルスはこれを
伝えたかったのね。助けなくちゃ!!
ルール
とちゅうでケントロサウルスにおそわれている
みつきを助けてから、ゴールをめざそう。
データ
ジュラ紀
草食
ケントロサウルス
名前は「トゲトカゲ」という意味。
首からしっぽまで、とげのような
骨の板がずらりとならんでいた。
みつきを
助けよう！
ゴール
こたえは311ページ

カマラサウルスは葉っぱが大好き!

スタート

ありがとう、助かったわ…！
カマラサウルスが来るわ！
いそいでにげましょ！
ルール
この順番でゴールをめざそう。
データ
ジュラ紀
草食
カマラサウルス
鼻の穴が目よりも大きく、太めの首がとくちょう。大きく、スプーンのような形の歯で葉を食べていた。
みつけて
ゴール
こたえは311ページ

86
もくひょう時間 3分
キケン度
アビミムスを
追いかけろ!
むずかしさ
スタート
エ
ズ
ジ
シ
エ
ダ
ド
マ
ソ
モ
ツ
コ

あの恐竜がくわえているの、
しゅんたろうのぼうしだ！
追いかけてみよう！
ルール
こわれたかんばんの文字を読みながら、ゴールをめざそう。ゴールすると、次に出てくる恐竜の名前がわかるよ。
データ
白亜紀
雑食
アビミムス
オビラプトル（➡ 22ページ）の仲間。オウムのようなくちばしで頭は小さいが、脳と目が大きい。
ド
ワ
ガ
ル
ウ
サ
シ
ル
イ
ト
ヌ
ス
ネ
テ
ゴール
ダ
ッ

こたえは312ページ

87
むずかしさ
もくひょう時間 3 分
キケン度
部屋の中には恐竜だらけ!
スタート

うわーん！ みんな、ここだよー！
早く助けてー！
データ
白亜紀
草食
エドモントサウルス
エドモントンで発見された。ハドロサウルス（➡44ページ）の仲間で、皮ふのあとも残っている。
ルール
エドモントサウルスをよけながら、とちゅうでしゅんたろうを助けてゴールをめざそう。
しゅんたろうを助けよう！
ゴール
こたえは312ページ

88
むずかしさ
もくひょう時間3分
キケン度
ディモルフォドンが飛んでいる！
スタート

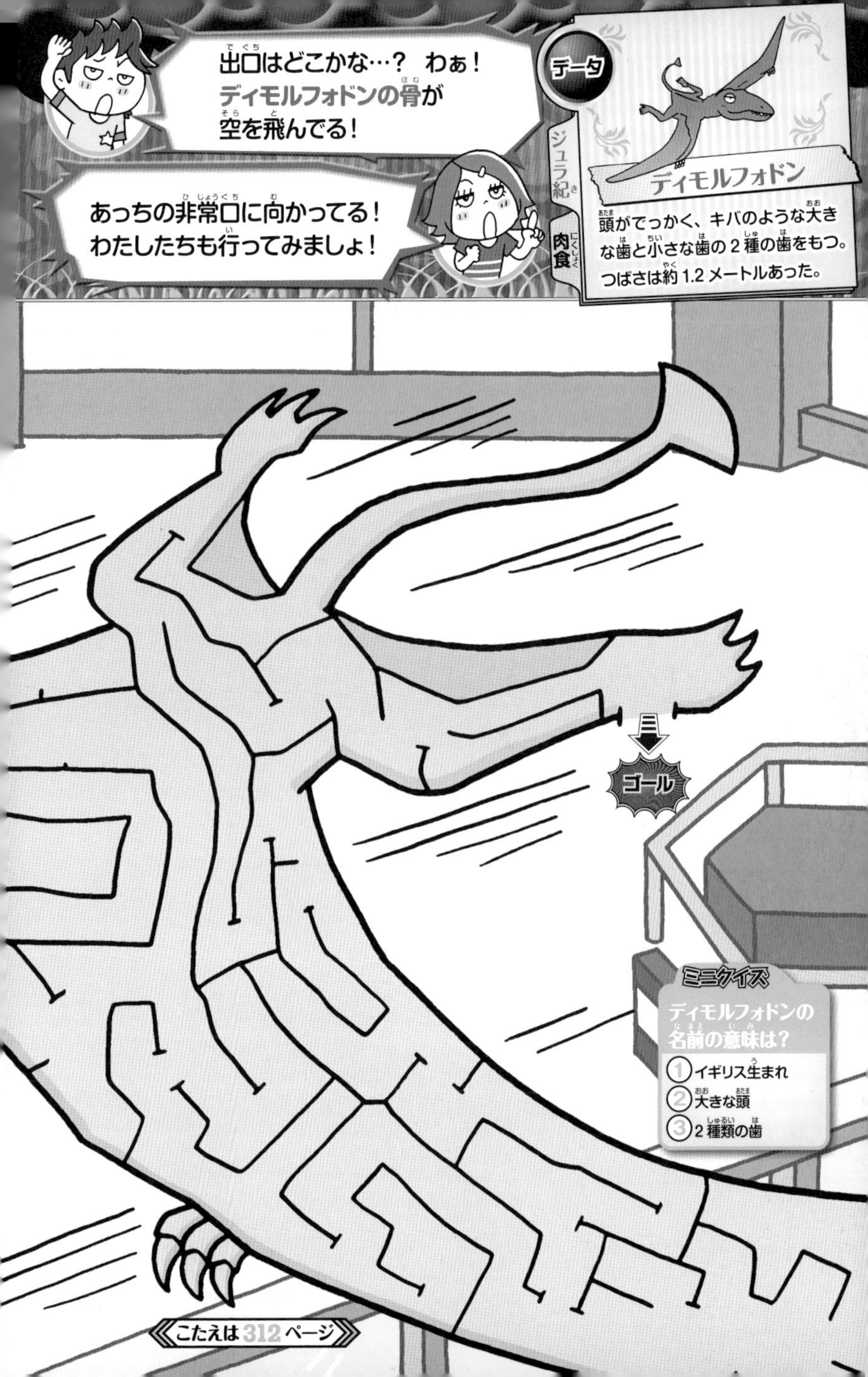
出口はどこかな…？　わぁ！
ディモルフォドンの骨が
空を飛んでる！
あっちの非常口に向かってる！
わたしたちも行ってみましょ！
データ
ジュラ紀
肉食
ディモルフォドン
頭がでっかく、キバのような大きな歯と小さな歯の2種の歯をもつ。つばさは約1.2メートルあった。
ゴール
ミニクイズ
ディモルフォドンの名前の意味は？
①イギリス生まれ
②大きな頭
③2種類の歯
こたえは312ページ

89
もくひょう時間2分
キケン度
サイカニアがゆかをこわした!
むずかしさ
スタート

ひえええ！ 非常口に続く
ゆかがめちゃくちゃだあ！
サイカニアがこわしたのかなあ？
こわれていない道を
進むしかないわね。
そーっと通りぬけましょ。
データ
白亜紀
草食
サイカニア
とがった骨のよろいで全身がおおわれている。アンキロサウルス（➡56ページ）の仲間の恐竜。
ゴール

《こたえは312ページ》

90
むずかしさ
もくひょう時間3分
キケン度
小さな恐竜が大ピンチ!
デイノニクス
スタート

ここをぬければ出口だ!
あれ、プシッタコサウルスがディロングにねらわれてるぞ!
ルール
とちゅうでプシッタコサウルスを助けてゴールをめざそう。ほかの恐竜（デイノニクス）がいるところは通れないぞ。
データ
白亜紀
草食
プシッタコサウルス
せなかからしっぽにかけて毛のようなものがはえていた。後ろ足だけで歩いていたらしい。
ミニクイズ
プシッタコサウルスの名前の意味は?
①タコのようなトカゲ
②オウムのようなトカゲ
③モップのようなトカゲ
ディロング
プシッタコサウルス
ゴール
こたえは312ページ

ふう!
ようやく
出口だあ!
こわかったよー!
もう明け方なのね!
ハァ
ハァ

…外に出たとたん
恐竜たちは動かなく
なったね…
どう見ても
もけいよね…

また動きだすかも
しれないし…
と とりあえず帰ろう!
…

ニヤリ
おしまい

恐竜レポート 7

化石はどうやってできあがるの？

恐竜の化石は、時間をかけて少しずつ地面の中でできあがっていったよ。

「地層」の中から化石は見つかる!?

砂やどろ、火山灰などが地面につもってできた層のことを「地層」というよ。地層はしまもようになっていて、下にいくほど古い時代のもの。風や雨などで地面がけずられて、古い地層が地表にあらわれて化石が出てくるんだ。

1 体を土や砂がおおう

死んだ恐竜が水に流されたりして、砂やどろなどにうもれていく。

2 骨や歯などが残る

肉や内ぞうはくさってなくなり、骨や歯などの固い部分だけ残る。

3 鉱物などがしみこむ

地層が深くなり、鉱物や地下水などが骨にしみこみ、化石となる。

4 地表近くに出てくる

やがて地面がけずられ古い地層がむきだしになり、化石が見つかる。

恐竜写真館
7
ステゴサウルス（➡200ページ）の骨格
せなかの板は、交互に2列ならんでいる。板にはたくさんのみぞがあり、板に太陽の光を当てて体温を調節していたらしい。
Saturn
せなかにならぶ大きな板！
ケントロサウルス（➡212ページ）の骨格
こしからしっぽにかけての大きな板の骨は、トゲになっている。このトゲで、大型の肉食恐竜から身を守っていた。
せなかからしっぽまでのするどいトゲ！

第8話
未来の国から恐竜パニック！
学校の校庭にタイムホールが開いて、そこから恐竜たちが飛びだしてきた！ 未来のタイムパトロール隊と力を合わせて、恐竜たちを回収することに！
とおる
勉強はニガテだが、元気いっぱいな男の子。くせっ毛なのが気になっている。
さき
とおるのクラスメイト。地元にある恐竜博物館によく遊びにいっている。
タイムパトロール隊
T&S
未来からやってきたタイムパトロール隊員。ふたりとも、少しおっちょこちょい。

ゴゴゴゴゴゴゴ

わー!
校庭にでっかい
うずが…!?

うはー…これは
エライことに
なったぞ…!

早く
ワープホールを
ふさがないと!

ぬっ

うずから恐竜が出てきた!!

ドドド

スタート

ゴール

マンガめいろ 8

こたえは313ページ

ねぇ!

何が起きているの!?

ブンブン

91
むずかしさ
もくひょう時間 3 分
キケン度
でっかい恐竜があらわれた!
スタート

スピノフォロサウルスだ！この目で見られるなんておれ、大感げきだよ!!
ワープホールがこわれてしまった…！ 恐竜たちがこの時代にどんどん流れこんでくるぞ！
データ
ジュラ紀
草食
スピノフォロサウルス
体のサイズは約13メートルほど。しっぽの先に2対のトゲがあり、しっぽでこうげきができたようだ。
ミニクイズ
スピノフォロサウルスのほぼ全身の化石が見つかった国は？
①ニジェール
②日本 ③チリ
ゴール

こたえは313ページ

92
もくひょう時間 2分
キケン度
校庭のトラックにフクイラプトル！
むずかしさ
スタート

あの恐竜、おばあちゃんちの近くの博物館で見たことがあるかも？
さきのおばあちゃんちは福井県だっけ？あれはフクイラプトルだよ！
データ
白亜紀
肉食
フクイラプトル
福井県で見つかり日本で最初に名づけられた。アロサウルス(➡106ページ)の仲間で身長は約5メートル。
ゴール

こたえは313ページ

恐竜たちが町に出ちゃった!

キミたち、あぶないから**この飛行ボート**に乗りなさい！　さあ恐竜たちを回収しにいかないと！

データ

白亜紀

草食

ニッポノサウルス

当時、日本の土地だったサハリンで見つかった恐竜。頭の上には、丸くて低いとさかがついている。

ルール

上と下の絵にはまちがいが10個あるよ。2枚の絵はさかさまになっているから気をつけて！

こたえは313ページ

スタート

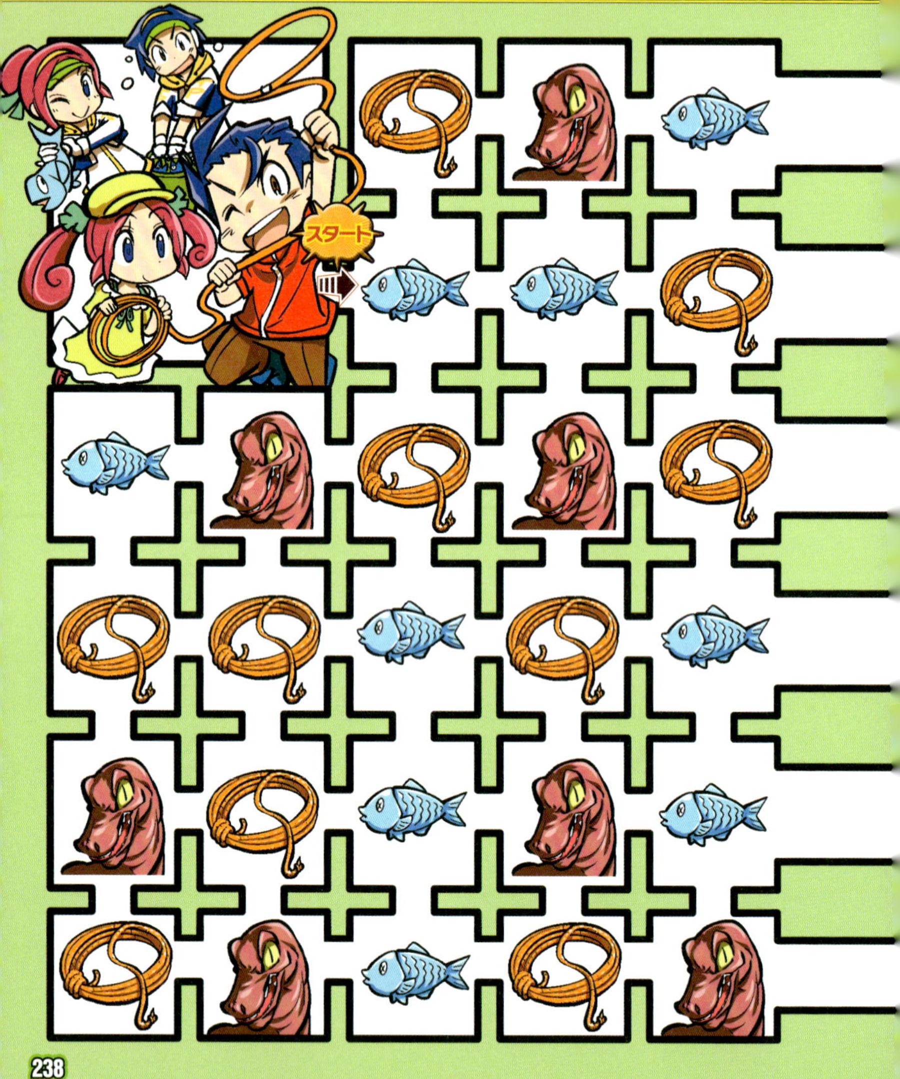

この魚とロープを使って
バリオニクスをつかまえるんだな！
おれたちも手伝うよ！
ルール
この順番でゴールをめざそう。
データ
白亜紀
肉食
バリオニクス
ワニのように頭の骨が細く、口には円すい形の歯が多くはえている。「重いカギツメ」という名前だ。
ゴール

こたえは314ページ

スタート

ルール

すべてのウタツサウルスを通ってゴールをめざそう。

三畳紀

肉食

ウタツサウルス

宮城県の歌津というところで見つかったもっとも古い魚竜の1つ。手足のひれは小さく、細長い体型。

ゴール

こたえは314ページ

さがして
96
むずかしさ
もくひょう時間3分
キケン度
カメロケラスはどこにいる?
これが本物!
ア
イ
ウ

ボートを水中モードにして海中に来たけど…暗くてよく見えんなぁ。どいつがカメロケラスだろう!?
ルール
ア～クのシルエットのうち、本物のカメロケラスはどれかわかるかな?
データ
古生代
肉食
カメロケラス
オウムガイの仲間だが、そのサイズは約10メートル。古生代のオルドビス紀では最大の、海の王様だ。
エ
オ
カ
キ
ク
こたえは314ページ

97
むずかしさ
もくひょう時間 3分
キケン度
恐竜の群れに大ピンチ!
スタート

わあ！リードシクティスが
海の中にたくさんいるぞ！
陸地にもいっぱい！
なんだか大変なことに
なっちゃったわね…。
データ
ジュラ紀
肉食
リードシクティス
中期ジュラ紀の海に住んでいた、多くの歯をもつ史上最大級の魚類だ。大きさは約17メートルという説も。
ゴール

こたえは314ページ

ボートの様子があやしいぞ!

ミニクイズ

ペンタケラトプスよりもツノが多いのは?

1. マジュンガサウルス
2. コスモケラトプス
3. カルノタウルス

スタート

ペンタケラトプスのフリルにぶつかってしまったようだ！底に穴があいてしまったよ…！
うわあ！お、お兄ちゃん運転がんばって!!
データ
白亜紀
草食
ペンタケラトプス
鼻の上に1本、ひたいに2本のツノと、長いフリルをもつ。フリルには三角形のとっきがならんでいた。
ゴール

こたえは314ページ

スタート

工事現場ならボートをなおす
道具が見つかるはずよ。
メガネウラがいるから気をつけて!
ルール
トンカチ、スパナ、ドライバーを集めてゴールをめざそう。メガネウラがいるところは通れない。
トンカチ
スパナ
ドライバー
データ
古生代
肉食
メガネウラ
石炭紀末期に生きていた、古代のトンボ。羽を広げると約 70 センチになり、虫の中でもっとも大きい。
こたえは 315 ページ
ゴール

100
むずかしさ
もくひょう時間 3 分
キケン度
ヘスペロルニス？
それともペンギン？
みつけて
スタート
BREWD
STRIKE

無事になおってよかったね。
ねえ、水族館にいるペンギンみたいなのも恐竜なの？
この恐竜で回収は最後ね！

データ

白亜紀

肉食

ヘスペロルニス

鳥類の仲間。水の中で生活するためにつばさをなくし、後ろ足の水かきで泳いでいたと考えられている。

ルール

ヘスペロルニスだけつかまえてゴールしよう。ほかのペンギンは通れないよ。

ヘスペロルニス

こたえは315ページ

恐竜しりとりをやってみよう！

みんな回収できてよかったな！
なあなあ、学校にもどるまで
みんなで恐竜しりとりをやらない？
ルール
エドモントニアからスタートして、しりとりをしながらゴールをめざそう。
データ
白亜紀
草食
エドモントニア
エドモントンという地で見つかった恐竜。かたの上に大きなトゲがいくつかあり、とてもがんじょう。
ランベオサウルス
スーパーサウルス
アーケロン
ゴール
ステゴサウルス
スピノフォロサウルス
ティラノサウルス
クリオロフォサウルス
スピノサウルス
ルゴプス

こたえは315ページ

102
もくひょう時間3分
キケン度
さようなら!
恐竜たち!
むずかしさ
スタート
ミニクイズ
クロノサウルスの「クロノ」ってなんのこと?
①発くつされた地名
②神さまの名前
③発見した人のあだ名

さあ恐竜たち、おとなしく
タイムホールから
元の時代にもどるんだぞ！
ふたりとも、
協力してくれてありがとう！
本当に助かったわ！
データ
白亜紀
肉食
クロノサウルス
首長竜の仲間だが、頭が大きくて首がとても短い。大きなひれの形をした足で、はばたくように泳ぐ。
ゴール

こたえは315ページ

キミたちのおかげで恐竜たちを元の時代にもどせたよ！
本当にどうもありがとう！

…またいつか会えるかな？

かならず！
会えるさ！

昔のとおるはかわいかったなー！
さきもね！
ヒュウウウウウ

けっきょくふたりとも私たちが未来の自分だって気づかなかったわね！
ネッ

クセっ毛もそのままなのにね
あははは
おしまい

恐竜レポート 8

日本にも恐竜がこんなにいた!

現在、日本で化石が見つかっている恐竜や古生物の一部をしょうかい!

日本にもティラノサウルスがいた!

化石が発くつされたのは、15都道府県で20カ所以上。とくに福井県をはじめ北陸地方では、たくさんの種類の恐竜が見つかっている。

北海道 — ハドロサウルス科

福井県 — フクイラプトル、フクイサウルス、フクイティタン、コシサウルス、フクイベナトル

石川県 — アルバロフォサウルス、カガリュウ

岩手県 — モシリュウ

福島県 — フタバサウルス

兵庫県 — タンバリュウ

三重県 — トバリュウ

熊本県 — ミフネリュウ

鹿児島県 — ケラトプス類

羽だけで
50センチ以上！

第9話
めざせ恐竜はかせ!
夏休み、恐竜発くつ現場の体験イベントに参加したはるきたち3人。恐竜の化石を発くつできるイベントに、恐竜好きなはるきは大こうふん!
はるき
恐竜大好きな小学3年生。将来は父親のような考古学者になりたいと思っている。
そうた
はるきの友だち。おちょうしもののムードメーカーで、はるきと気が合う。
みすず
めんどう見がいい、はるきのおねえさん。恐竜について教えてくれる。

恐竜大発掘展
体験しよう!
本物の化石を発くつできるんだ! 夏休みの宿題レポートにぴったりだね!
あなたも恐竜が好きだったなんてなんか意外…
だって… クールだろ?
キラーン
氷河期前に絶めつしたからクールじゃないよ
…いや そういうイミじゃなくて….
ホラ早く行こ〜!

マンガめいろ 9

スタート

大発掘展

恐竜

会場はコチラ

ゴール

こたえは316ページ

化石発くつをはじめよう！

まずは発くつに必要なじゅんびをととのえて出発よ！
ルール
ヘルメット、ゴーグル、ハンマー、たがね、軍手を拾い「じゅんび完りょう！」を通ったら、化石を発くつしてゴールをめざそう。
データ
ジュラ紀
肉食
アンキオルニス
前足と後ろ足につばさがあった鳥のような恐竜。羽毛の色は、赤、黒、灰、白だったとされる。
ゴール
軍手
じゅんび完りょう！
タガネ

こたえは316ページ

104
もくひょう時間2分
キケン度
カスモサウルスの化石を見にいこう！
むずかしさ
発くつ現場
発くつ現場
スタート
ハンドブック
発くつ現場
かぞえて！
エンピツ

うわあ！ ここが化石発くつ現場か！
あっちにカスモサウルスの
化石があるよ！
データ
白亜紀
草食
カスモサウルス
大きなフリルをもつが、フリルの骨は大きな穴があき、うすかった。皮ふのあとも見つかっている。
ルール
すべての発くつ現場を通ってゴールをめざそう。
発くつ現場
ゴール
発くつ現場
発くつ現場
こたえは316ページ

105
むずかしさ
もくひょう時間5分
キケン度
メイの化石を元どおりにしよう!
見本
スタート

この恐竜の化石、バラバラだな。
元どおりにできんのか!?
ルール
スタート地点の見本と同じになるように、全部で6つのパーツを拾いながらゴールしよう。関係ない化石もあるから注意して!
データ
白亜紀
雑食
メイ
体をまるめてねむっているような形の化石が見つかっている。体が細く、走るのが得意だった。
ゴール
こたえは317ページ

もくひょう時間 3 分　キケン度

大好物は昆虫とトカゲ!?

スタート

ア
イ
ウ

シノサウロプテリクスの化石をさがすわよ！ 昆虫やトカゲを食べていたらしいわね。
ルール
この順番で進んでいってゴールできるのはア～ウのどれかな？
データ
白亜紀
肉食
シノサウロプテリクス
はじめて化石に羽毛が見つかった恐竜。細長いしっぽの羽毛は、白と茶色のしまもようだったという。
ミニクイズ
化石が見つかった時、シノサウロプテリクスは何とまちがえられた？
①ティラノサウルス
②昆虫 ③鳥
ゴール
こたえは317ページ

もくひょう時間 3 分　キケン度

メガロサウルスの足あとを発見！

なあ、見ろよ！ **足あと**の化石だぜ！
どのメガロサウルスのものかな？

ルール

足あとが向いている方向に進み、
足あとが2つある時はどちらかを選ぼう。
何もないところは行き止まりだよ。
ア～ウのどのゴールが正解かな？

データ

ジュラ紀

肉食

メガロサウルス

体のサイズは約9メートル。2本足で歩く大型の恐竜の中では、早くに発見されて名前がつけられた。

こたえは317ページ

108
むずかしさ
もくひょう時間３分
キケン度
デイノケイルスをほりだそう！
スタート
272

ずいぶん深いところにあるね。
よし、ぼくがほりだしてみせるぞ！
ルール
この順番でゴールをめざそう。
ハンマー
たがね
はけ
データ
白亜紀
草食
デイノケイルス
名前は「おそろしい手」という意味。2.4メートルもの、大きなかたと前足の骨が見つかっている。
ゴール
こたえは317ページ

クイズ
109
むずかしさ
もくひょう時間 2分
キケン度
ミクロラプトルの
化石がバラバラ!
1
2

大変！ミクロラプトルの化石がわれちゃった！急いで直さないと…！
ルール
かけた化石を元どおりにしよう。1と2に入るのは、ア～カのうちどれかな？
データ
白亜紀
肉食
ミクロラプトル
鳥類にもっとも近い仲間。しっぽは長く、前足と後ろ足につばさがあり、木の上でくらしていた。
ア
イ
ウ
エ
オ
カ
?

こたえは317ページ

110
もくひょう時間 2 分
キケン度
ランフォリンクスは何を食べてたの？
むずかしさ
スタート

ランフォリンクスの化石を
見つけたぞ！
この恐竜、何を食ってたのかな？

ルール

ランフォリンクスは何を食べていたかな？
ゴールまで進むとわかるよ。

ジュラ紀 肉食

ランフォリンクス

くちばしに大きな歯をもつ翼竜。長いしっぽは、成長するたびに形がどんどん変わっていったという。

ゴール

こたえは318ページ

111
もくひょう時間 2 分
キケン度
ユウティラヌスが
発くつされた!
むずかしさ
スタート
前足に
3本のツメが
あるよ
鼻の上に
とさかが
あるよ
羽毛が
はえてたって

あっちで化石が見つかったみたいね!
でも、どの恐竜の化石なのかな?
ルール
情報をすべて聞きながら、ゴールに向かおう。
データ
白亜紀
肉食
ユウティラヌス
ティラノサウルス(➡72ページ)の仲間。化石のアゴや足、しっぽなどから羽毛のあとが見つかる。
肉食だぞ
白亜紀にいたぞ
ゴール

こたえは318ページ

112
むずかしさ
もくひょう時間 3 分
キケン度
見つけた化石をきれいにしよう!
スタート
石をたがねでうすくはがして化石を見つける
細かい部分を見て種類を調べる
日に当てて干す
洗たく機を用意
とがったたがねでまわりをけずる

クリンダドロメウスの化石を見つけたよ！
ルール
化石をきれいにする方法を選びながら、ゴールまで行こう。ゴールできると、じょうずに化石をきれいにできるぞ。
データ
ジュラ紀
草食
クリンダドロメウス
化石やうろこから羽毛が見つかる。2本足ですばやく動いていて、口先はくちばしになっていた。
洗剤で洗う
おしゃれ着洗い
標本ラベルをつくる
化石がどこにあるか観察
じ〜っ
洗たく機に入れる
ゴール
クリンダドロメウス
こたえは318ページ

新種の恐竜が見つかったぞ!

あの部屋のポスターを見て。
新しい恐竜が発見されたんだって！

ルール

よく見ると2枚の想像図はどこかちがっているよ。まちがいを6つさがしてね。

データ

ジュラ紀

?

ツァイホン

「にじ」を意味する名前。にじのように色あざやかな羽毛がはえていたと考えられる、新種の恐竜だ。

こたえは319ページ

114
むずかしさ
もくひょう時間3分
キケン度
コリトサウルスを見つけたぞ!
スタート
みつけて

ゴール

こたえは319ページ

楽しかった～
大作の宿題に
なるぞ!
夏休みが終わって…
宿題の
レポートを
集めまーす
先生
ちょっと量が
多くなっちゃって
ジャーン
年表
地図
ぐっ
クールだ!
おしまい

恐竜レポート 9

化石を発くつしてみよう!

博物館などでやっている、化石の発くつ体験にチャレンジしてみよう！

発くつ前にじゅんびしよう!

化石がうまっているのは岩や砂だらけの場所だから、動きやすい服で出かけよう。発くつに必要な道具は、ハンマーとたがね。石が飛びちってあぶないから、ゴーグルとヘルメットをかならずつけよう。

いざ発くつ体験に行ってみよう!

1 たがねの先を岩に立ててハンマーでたたこう!

たがねを岩に立てて、くぎを打つようにハンマーでていねいにたたこう。岩がはがれて、化石が出てくるよ。

2 はがれた化石をきれいにしよう!

化石のまわりにくっついている細かい石や砂を、たがねで少しずつはがしていこう。化石がきれいになったよ！

恐竜写真館 9

鳥類にそっくりな羽をもつ！

ミクロラプトル（➡274ページ）の化石

化石から、ミクロラプトルのむねのきん肉は発達していたことがわかる。羽をはばたかせて空を飛んでいたと考えられる。

ぐるぐるうずまきの貝！

アンモナイトの化石

アンモナイトとは、生物のグループをさす言葉。カラの直径が2メートルのパラプゾシア（➡128ページ）も、この仲間。

この本に出てくる言葉や恐竜の名前から問題を出すよ。

1 「せき」は「せき」でも土の中から出てくる動物や植物の「せき」は？

2 「くつ」は「くつ」でも恐竜の化石などをほりだす「くつ」は？

3 空を飛ぶ「ドン」はプテラノドン。じゃあ、長くて白い食べられる「ドン」は？

4 お寺を見ると「さあ？ 留守だよ」って教えてくれる恐竜は？

5 ヤギの鳴き声みたいな名前の恐竜は？

6 「サイなのか？」って聞くとニヤッて笑う恐竜は？

7 いつもどろだらけの歯をしてる恐竜は？

こたえは319ページ

9ページ

10ページ

ミニクイズ ①

アパトサウルスは約21メートル、アルゼンチノサウルスは約35～40メートル。

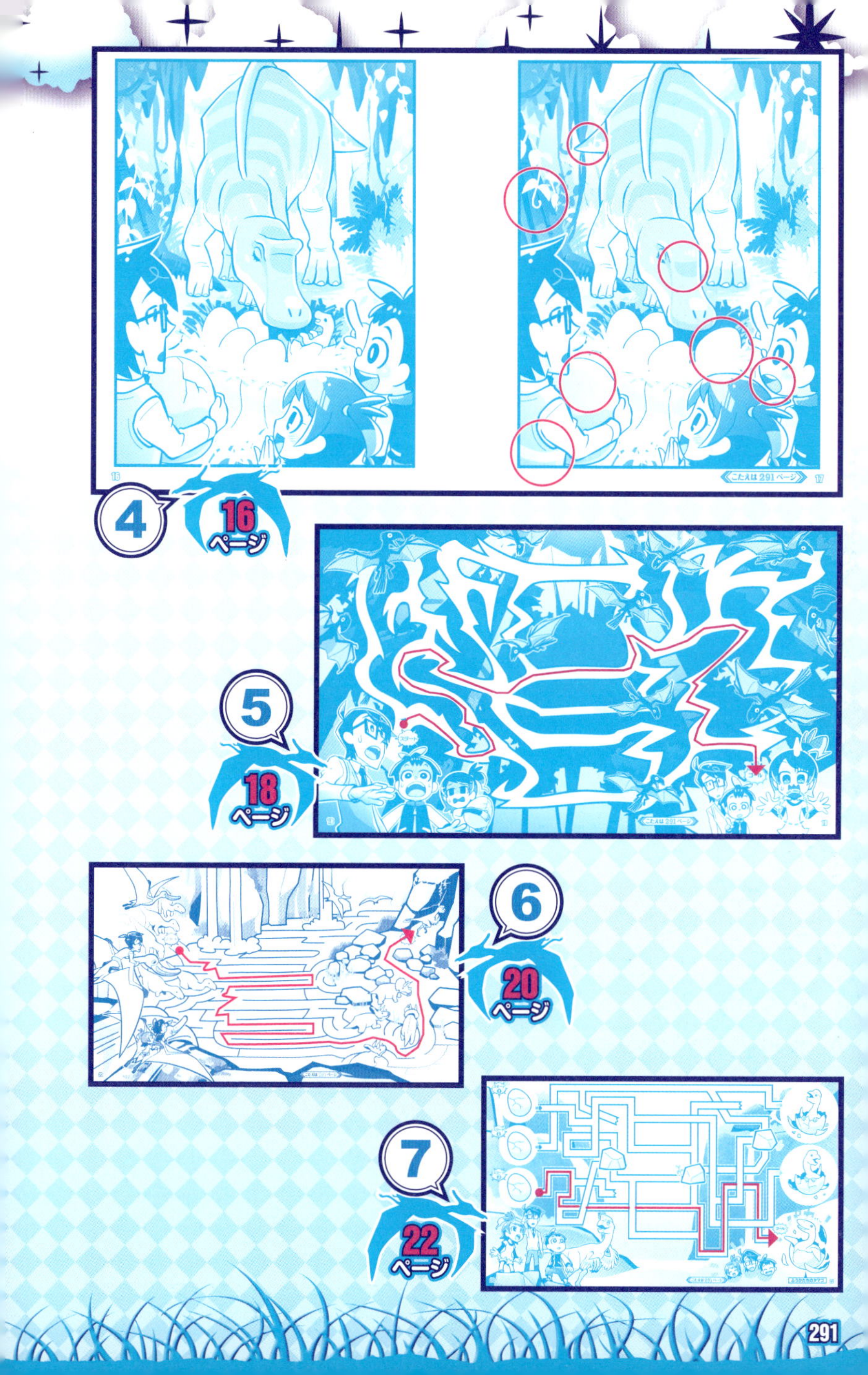

4
16
ページ
こたえは291ページ
5
18
ページ
スタート
こたえは291ページ
6
20
ページ
7
22
ページ

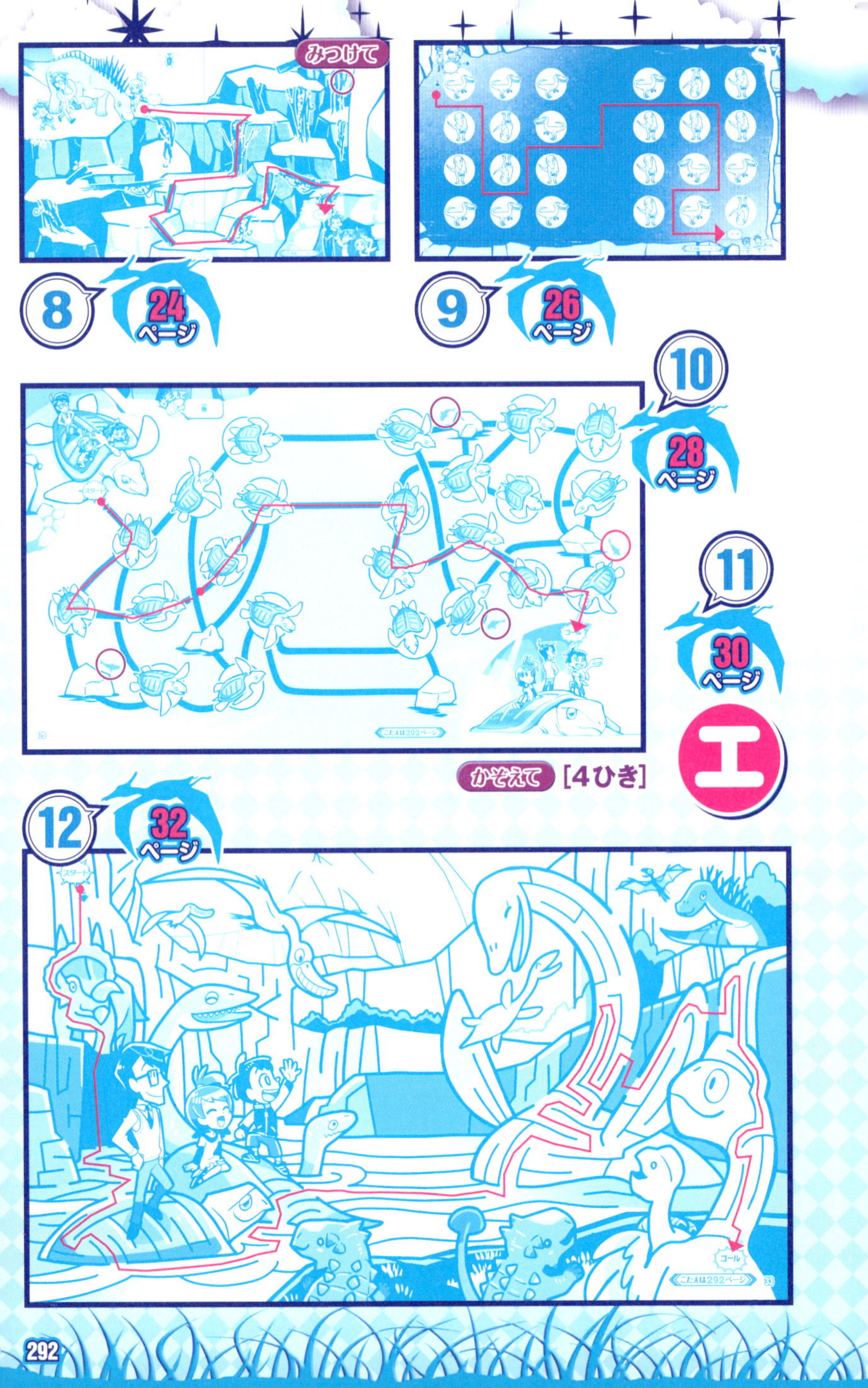
みつけて
8
24ページ
9
26ページ
10
28ページ
スタート
ゴール
こたえは292ページ
11
30ページ
エ
かぞえて [4ひき]
12
32ページ
スタート
ゴール
こたえは292ページ
33

第2話
だい わ
恐竜なんでもじまん！
きょうりゅう
スタート
ぼくにかなう
やつなんて
いるのかな？
ゴール
こたえは293ページ
マンガめいろ 2
39ページ
40ページ
13
14
42ページ
ミニクイズ 1
アルゼンチノサウルスの重さは約 90 トン。
おも やく
15
44ページ
こたえは293ページ
293

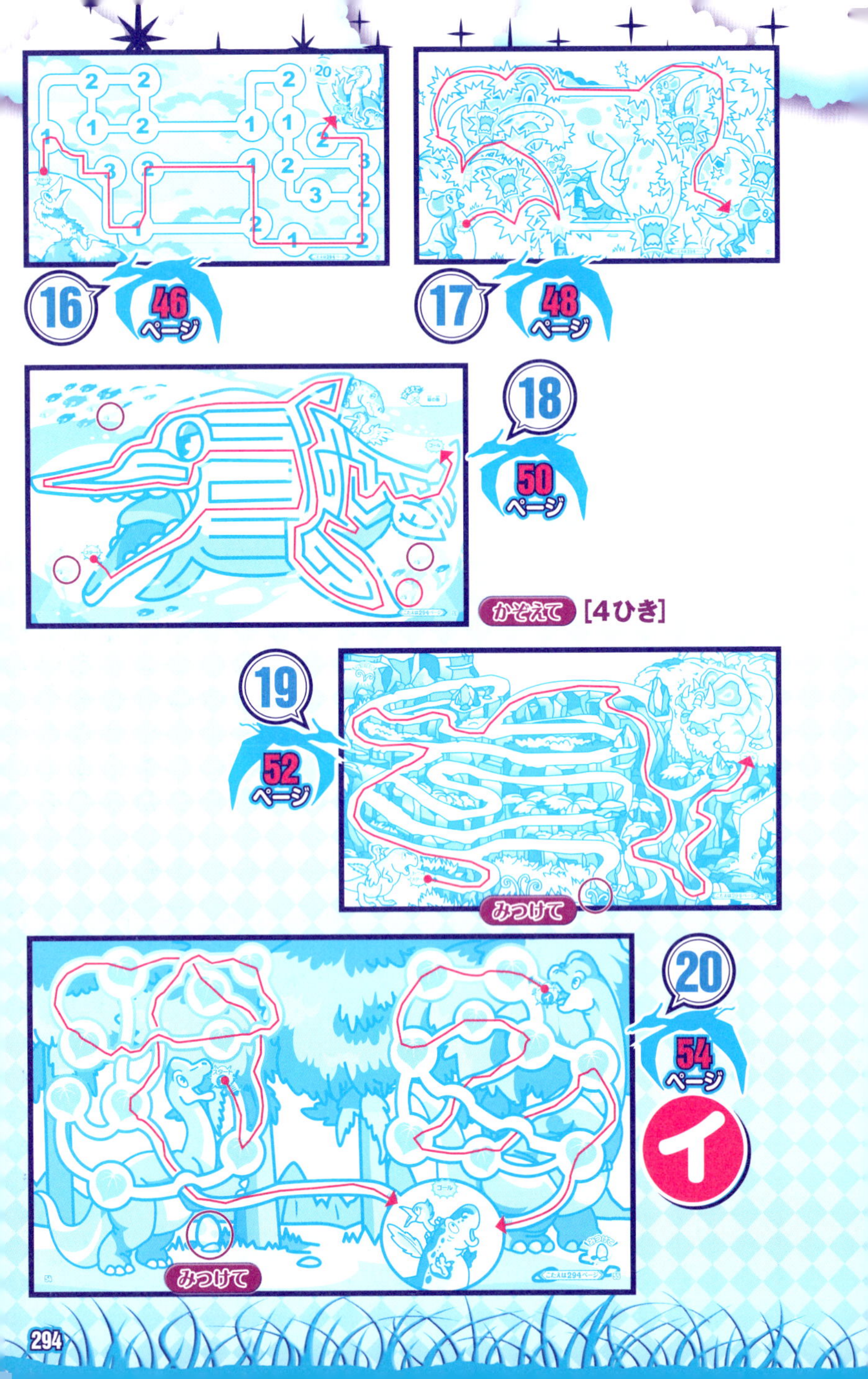
16
46
ページ
17
48
ページ
18
50
ページ
かぞえて
[4ひき]
19
52
ページ
みつけて
20
54
ページ
イ
みつけて

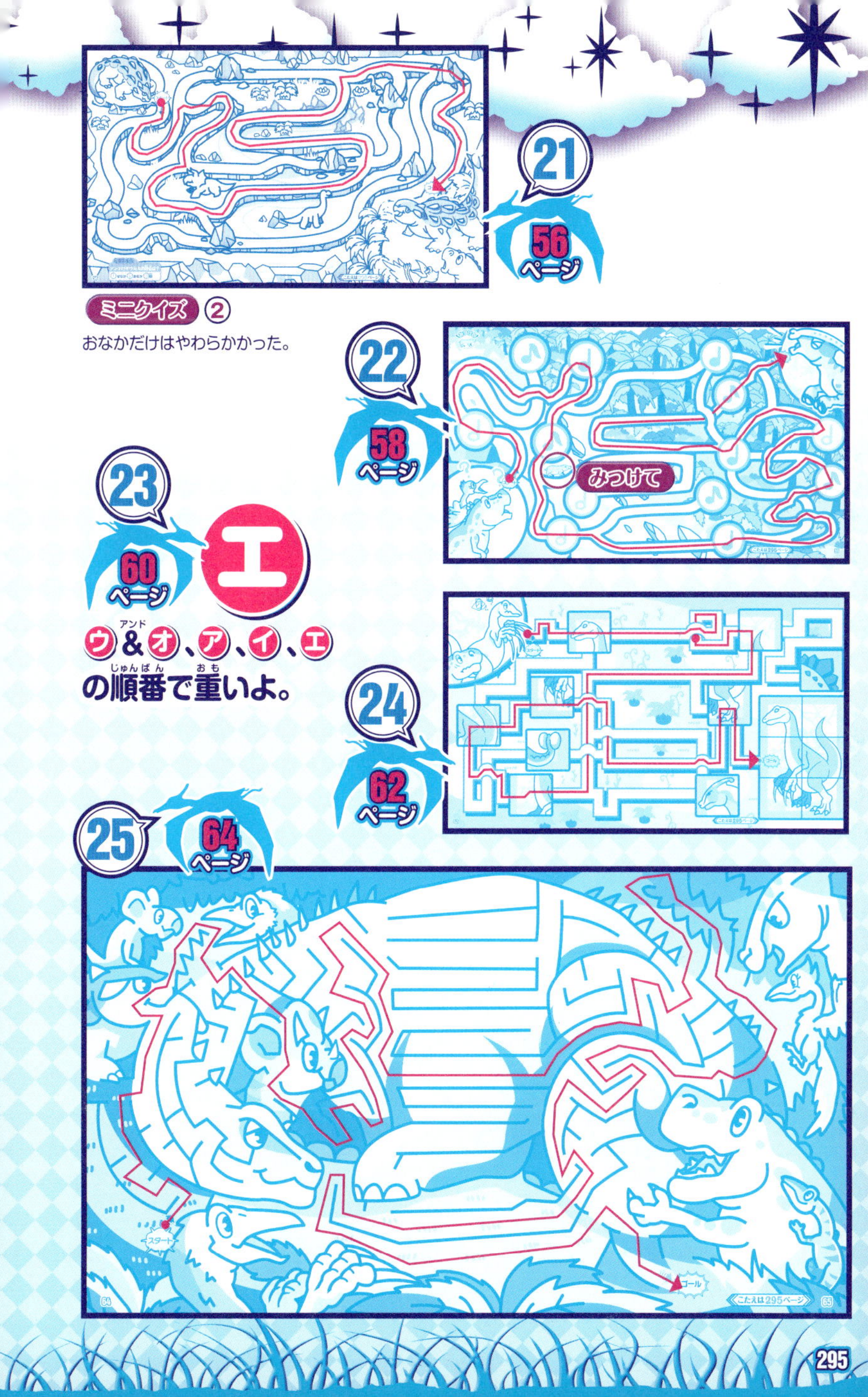
21
56ページ
ミニクイズ ②
おなかだけはやわらかかった。
22
58ページ
みつけて
23
60ページ
エ
ウ&オ、ア、イ、エの順番で重いよ。
24
62ページ
ゴール
こたえは295ページ
25
64ページ
スタート
ゴール
こたえは295ページ
64
65
295

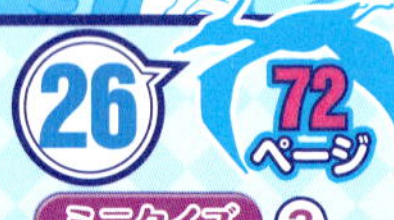

ミニクイズ ③

「ティラノ」が「あばれんぼう」、「サウルス」が「トカゲ」という意味。

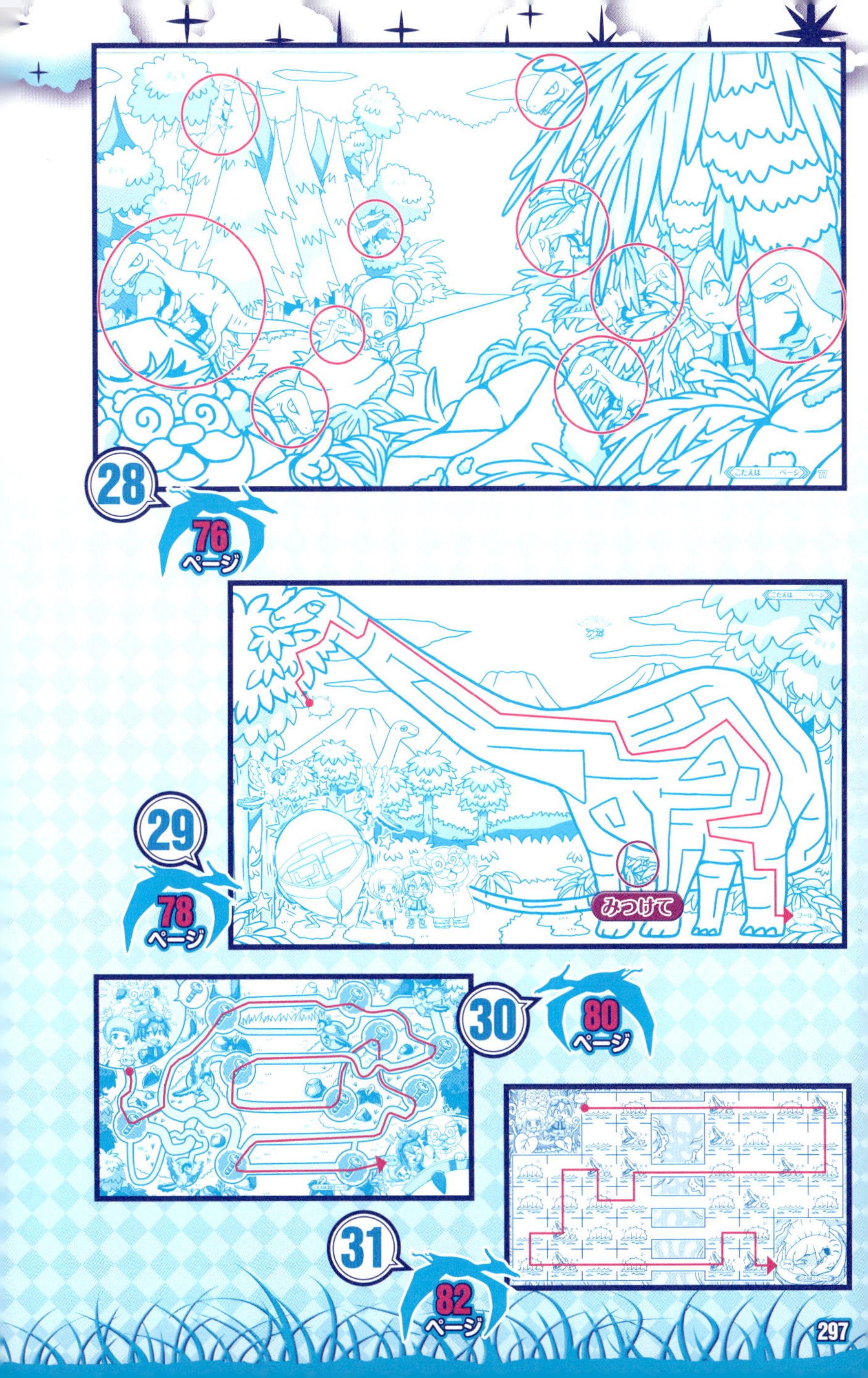
28
76
ページ
29
78
ページ
みつけて
30
80
ページ
31
82
ページ

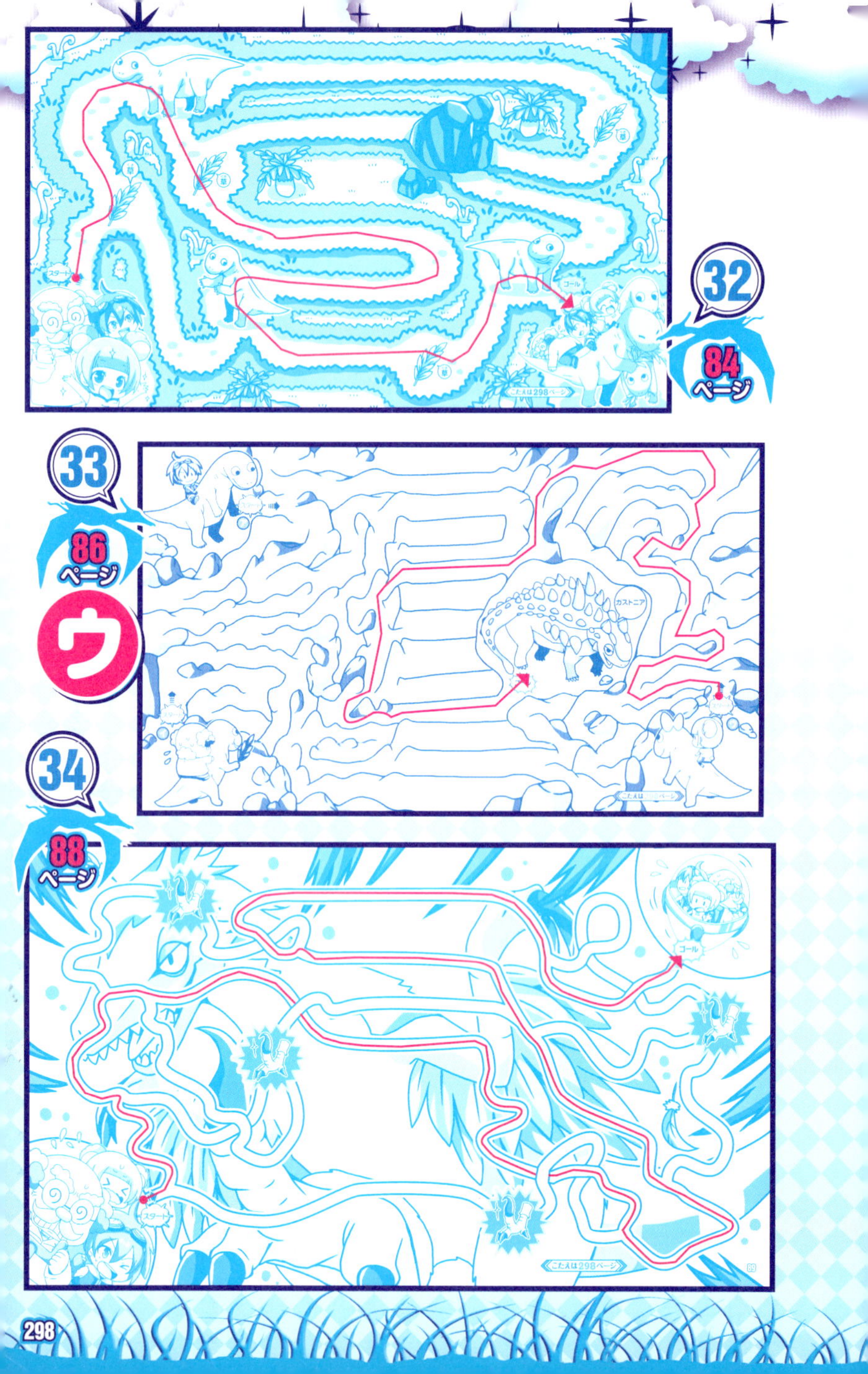
32
84ページ
スタート
ゴール
こたえは298ページ
33
86ページ
ウ
カストニア
スタート
34
88ページ
ゴール
スタート
こたえは298ページ

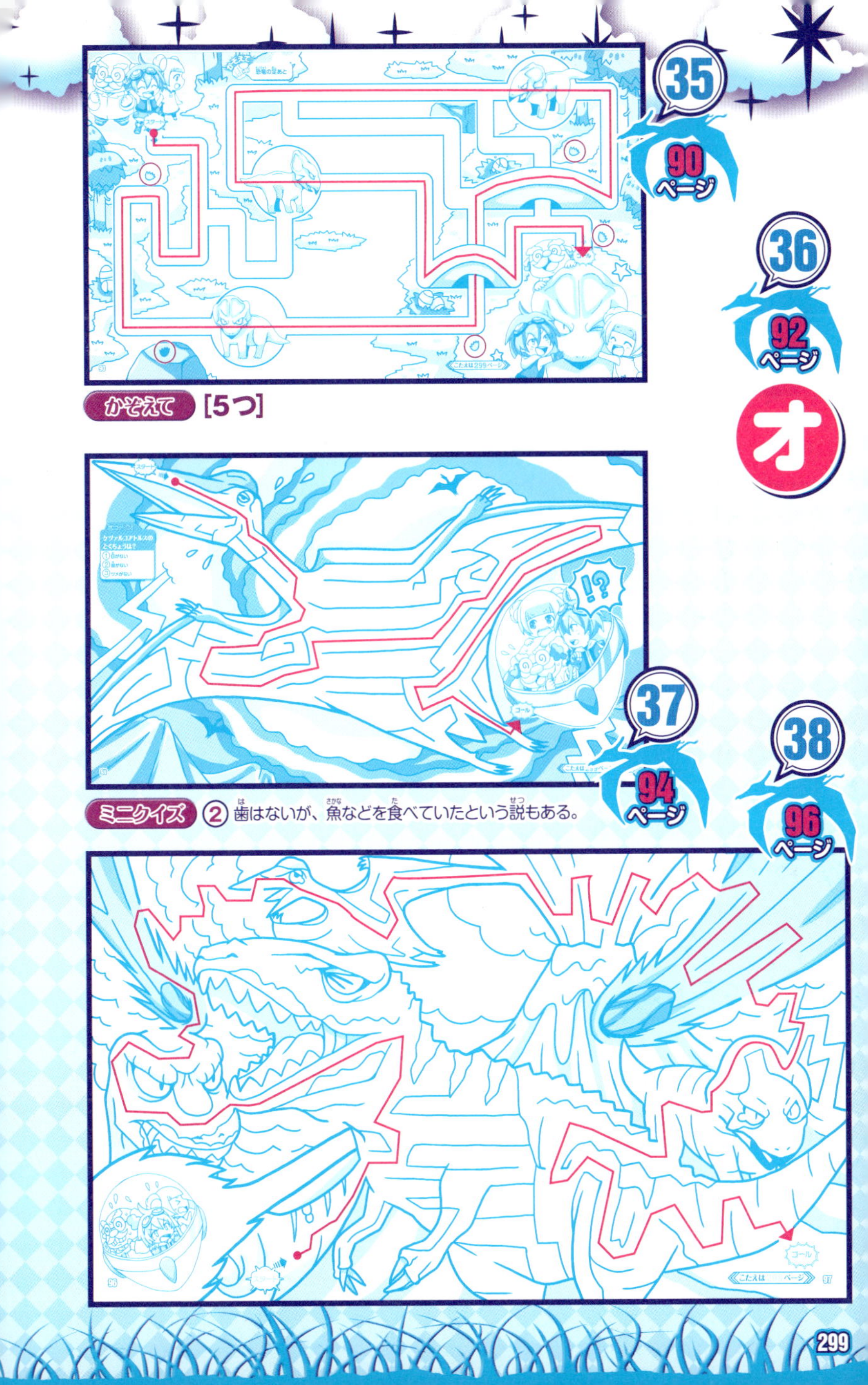

35
90ページ
36
92ページ
オ
かぞえて [5つ]
!?
37
94ページ
38
96ページ
ミニクイズ ② 歯はないが、魚などを食べていたという説もある。

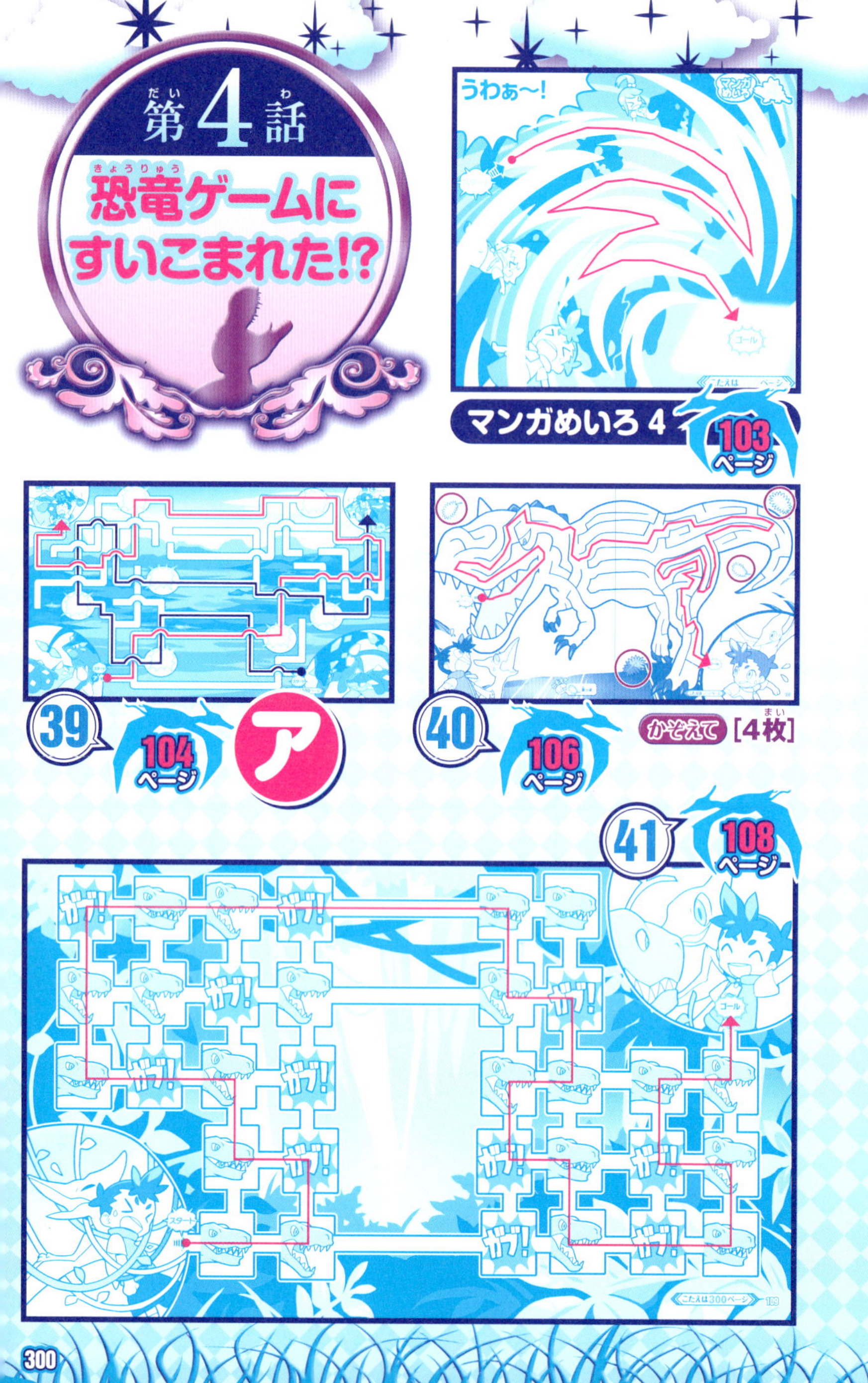
第4話
恐竜ゲームにすいこまれた!?
うわぁ〜!
ゴール
マンガめいろ 4
103ページ
39
104ページ
ア
40
106ページ
かぞえて［4枚］
41
108ページ
ガブ!
ゴール
スタート
こたえは300ページ

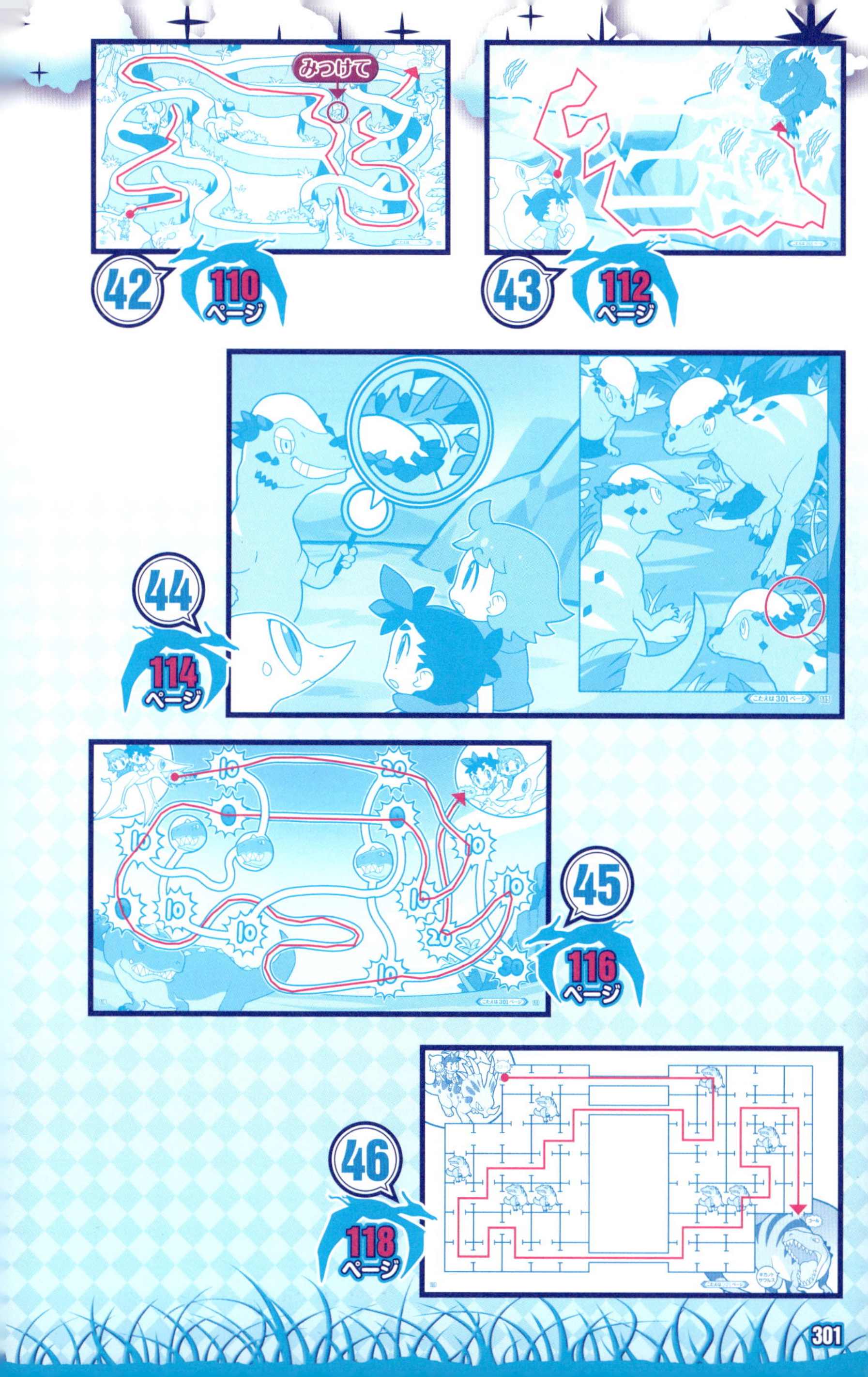
みつけて
42
110ページ
43
112ページ
44
114ページ
こたえは301ページ
45
116ページ
10
20
30
こたえは301ページ
46
118ページ
ゴール

48 122ページ

いちばん強いのは エ

いちばん弱いのは オ

47 120ページ

49 124ページ

② 強いアゴでいろんなエサを食べて大きくなったらしい。

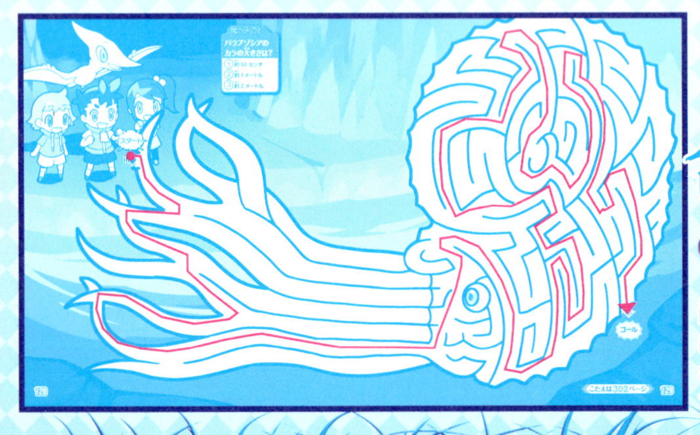

ミニクイズ ③

巨大なカラの中は、カベのような板でしきられている。

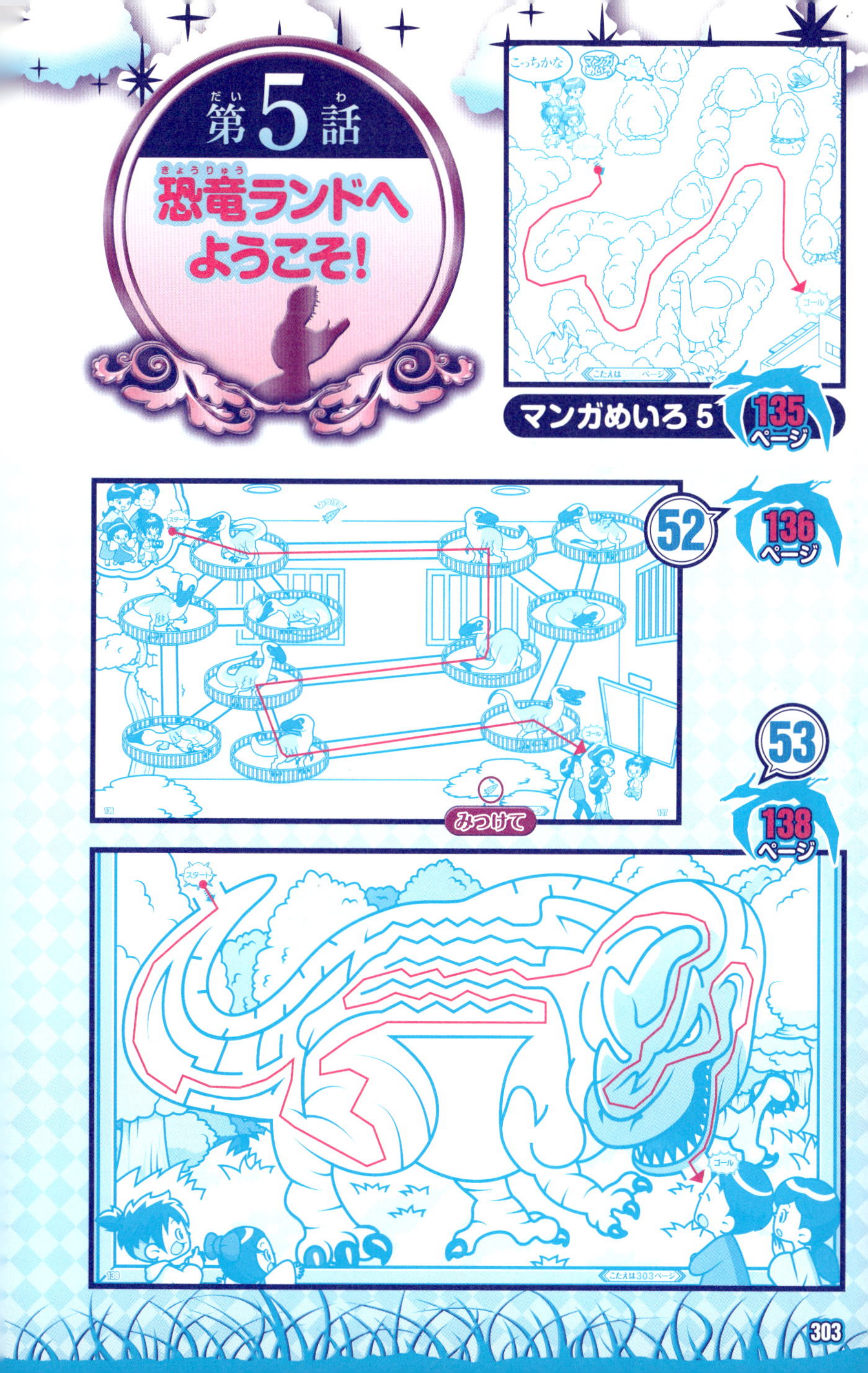
第5話
恐竜ランドへようこそ!
こっちかな
マンガめいろ
ゴール
こたえは　ページ
マンガめいろ 5
135ページ
52
136ページ
スタート
ゴール
みつけて
53
138ページ
スタート
ゴール
こたえは303ページ

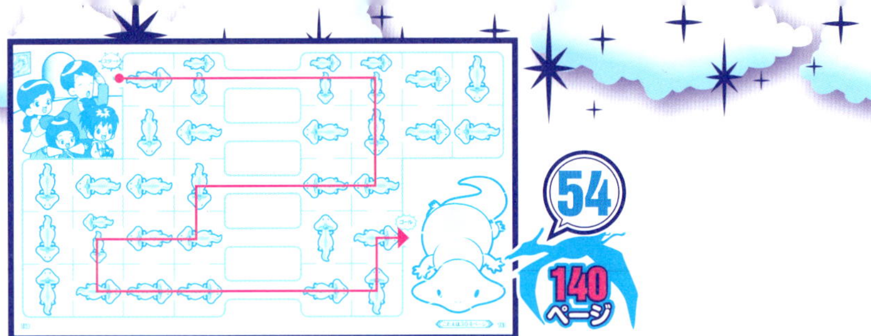

54 140ページ

55 142ページ

7種類

かぞえて [4つ]

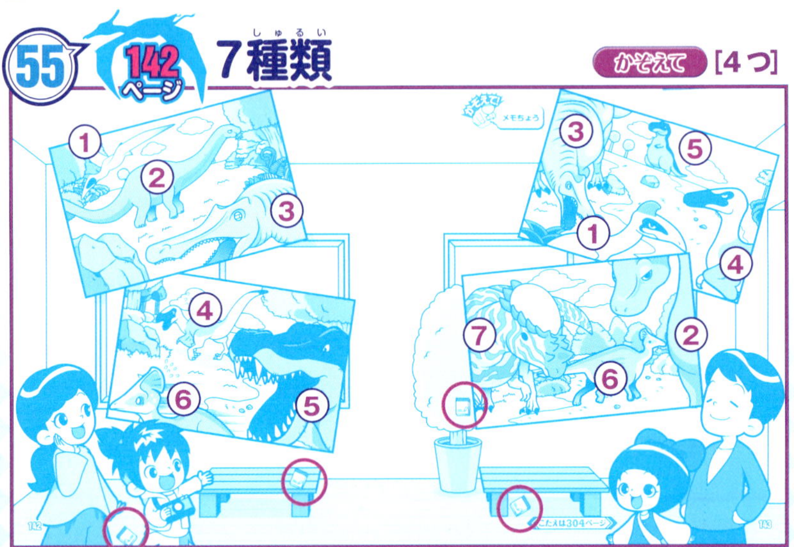

① ケツァルコアトルス
② アルゼンチノサウルス
③ スコミムス
④ ベロキラプトル
⑤ ティラノサウルス
⑥ コリトサウルス
⑦ パキケファロサウルス

56 144ページ

57 146ページ

ミニクイズ ②

ジュラ山脈は、フランスとスイスの国境にある山脈。

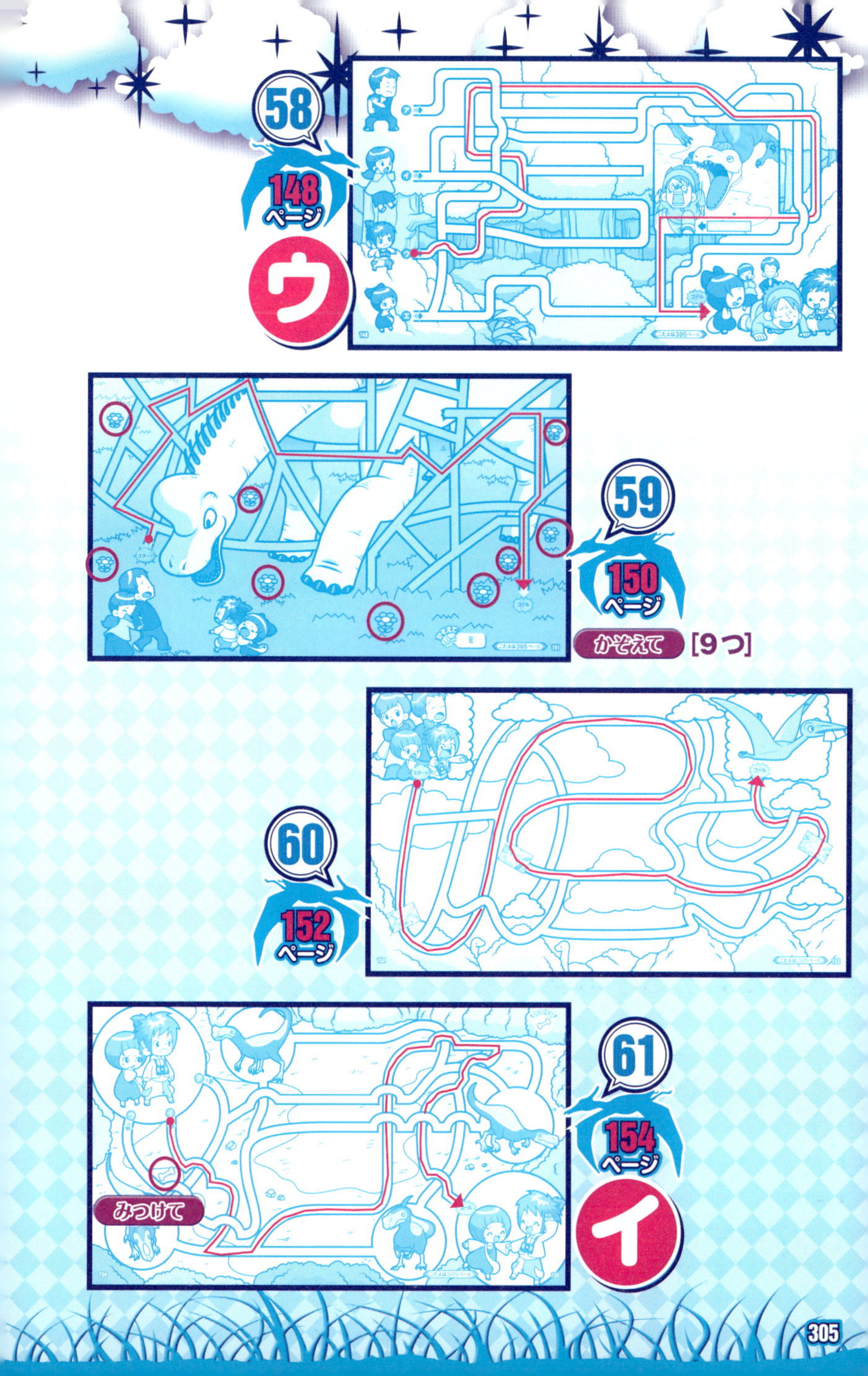

58
148ページ
ウ
59
150ページ
かぞえて [9つ]
60
152ページ
61
154ページ
みつけて
イ

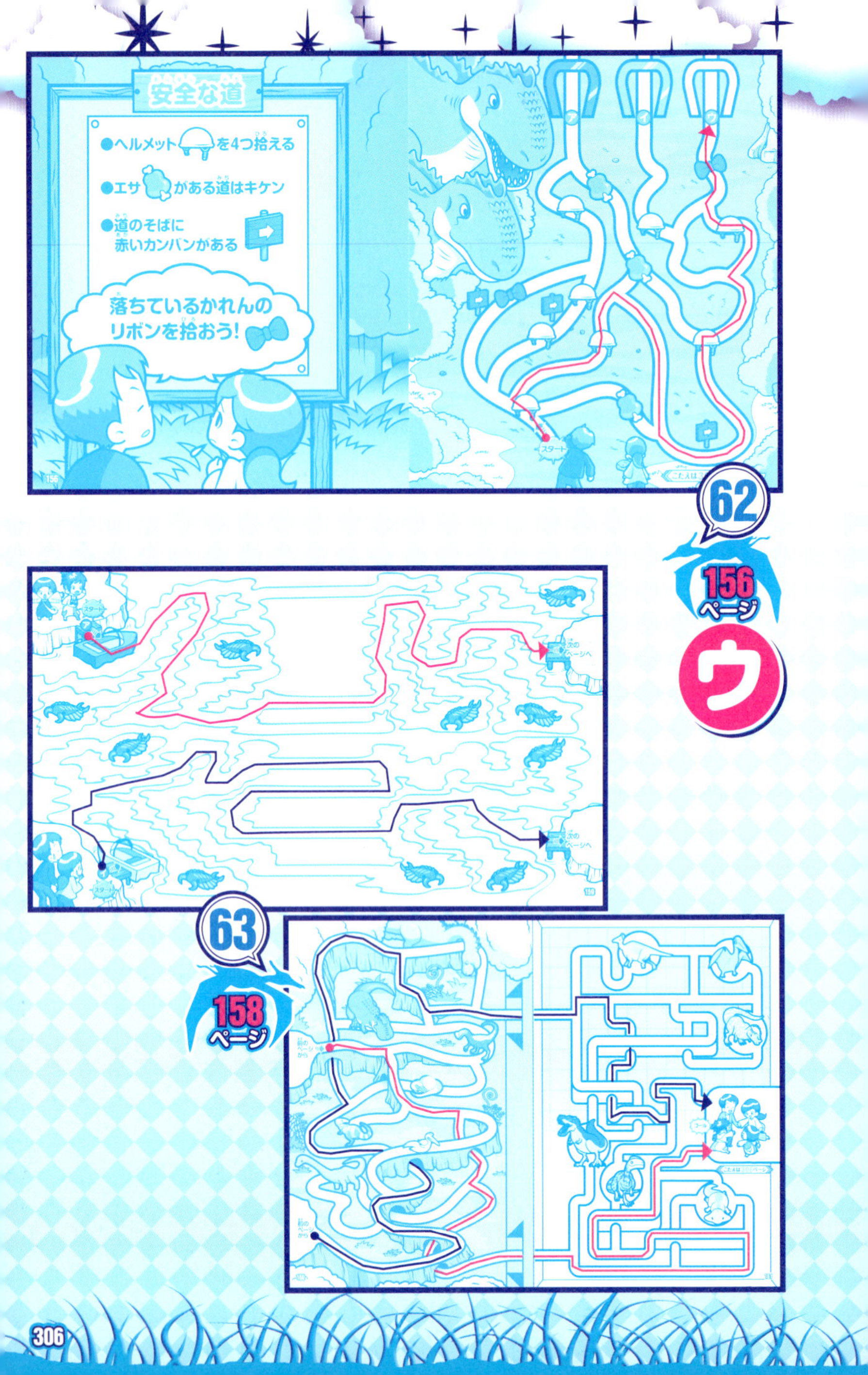
安全な道
●ヘルメット　を4つ拾える
●エサ　がある道はキケン
●道のそばに
赤いカンバンがある
落ちているかれんの
リボンを拾おう!
スタート
62
156
ページ
ウ
次の
ページへ
スタート
63
158
ページ
前の
ページ
から
ゴール

第6話
トリケラトプスの大ぼうけん！
スタート
よーし
行くぞ！
ゴール
こたえは307ページ
マンガめいろ 6
167ページ
64
168ページ
65
170ページ
ミニクイズ ①
竜脚形類は、体のわりに頭が小さい草食恐竜。
172ページ
66

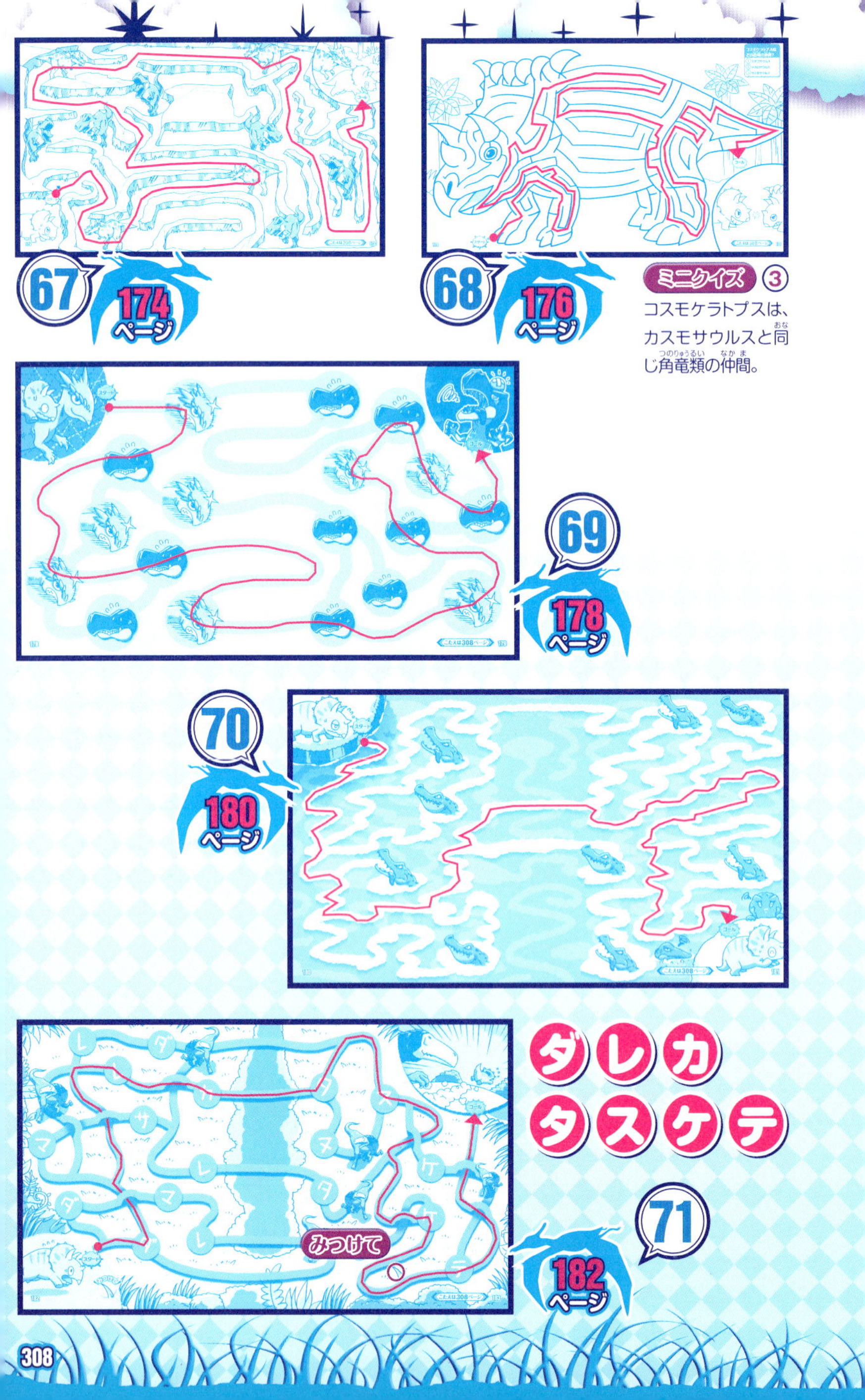
67
174
ページ
68
176
ページ
ミニクイズ ③
コスモケラトプスは、カスモサウルスと同じ角竜類の仲間。
69
178
ページ
70
180
ページ
ダレカ
タスケテ
みつけて
71
182
ページ

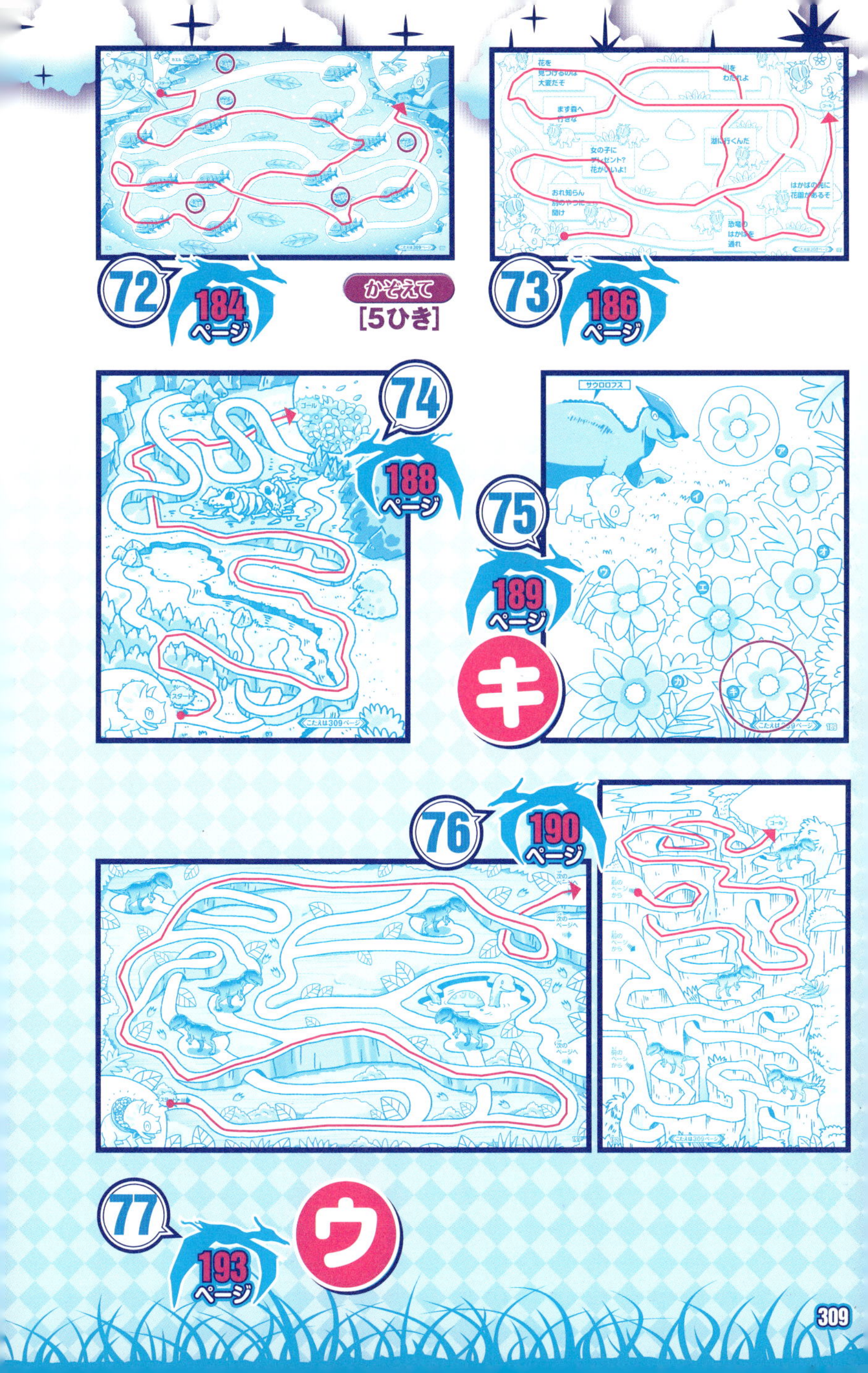
72
184
ページ
かぞえて
[5ひき]
73
186
ページ
74
188
ページ
75
189
ページ
キ
76
190
ページ
77
193
ページ
ウ

第7話
恐竜ミュージアムで大あばれ！
出発だ！
スタート
ゴール
マンガめいろ 7
199ページ
みつけて
78
200ページ
みつけて
79
202ページ
80
204ページ
こたえは310ページ

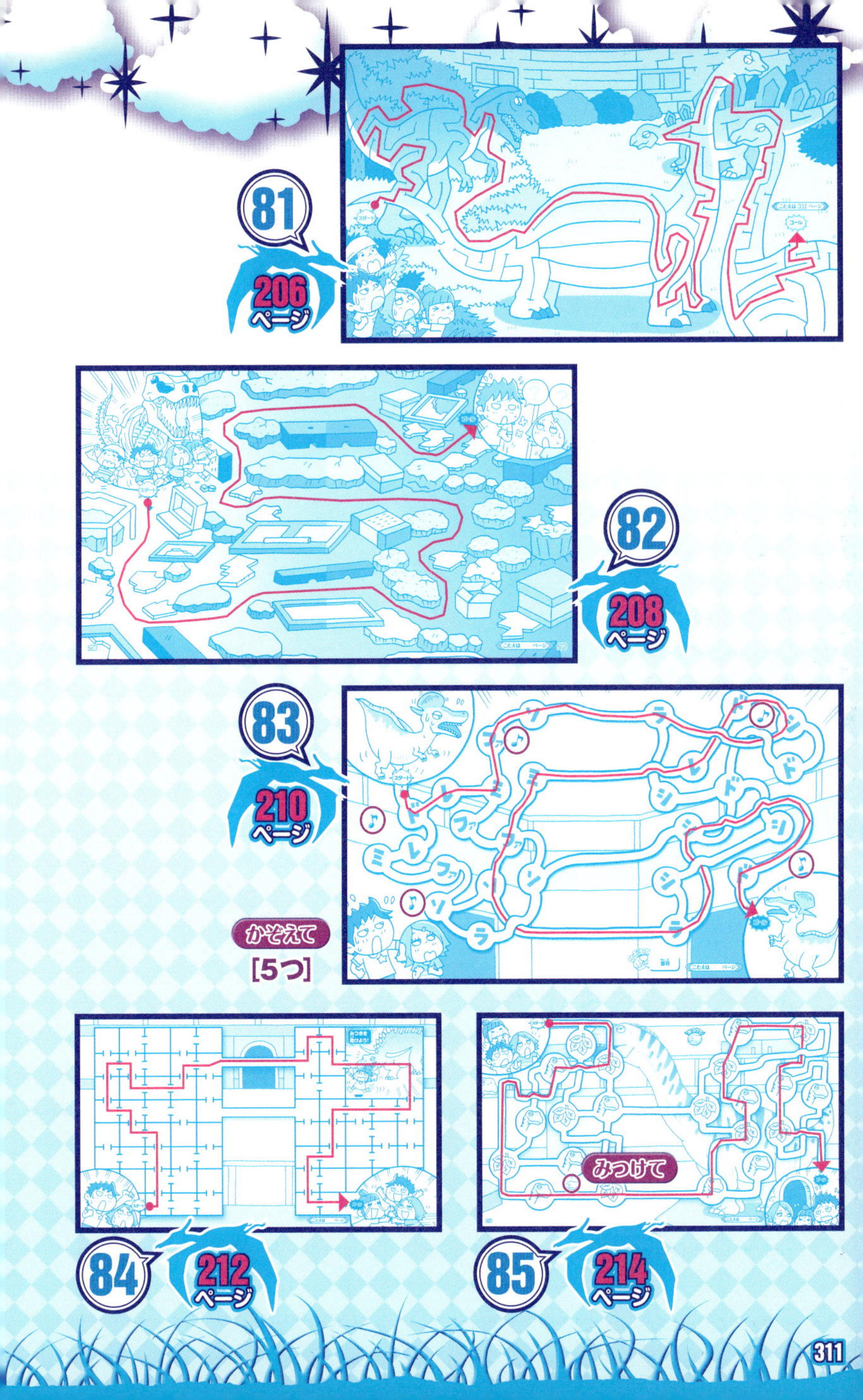
81
206ページ
82
208ページ
83
210ページ
かぞえて
[5つ]
84
212ページ
85
214ページ
みつけて

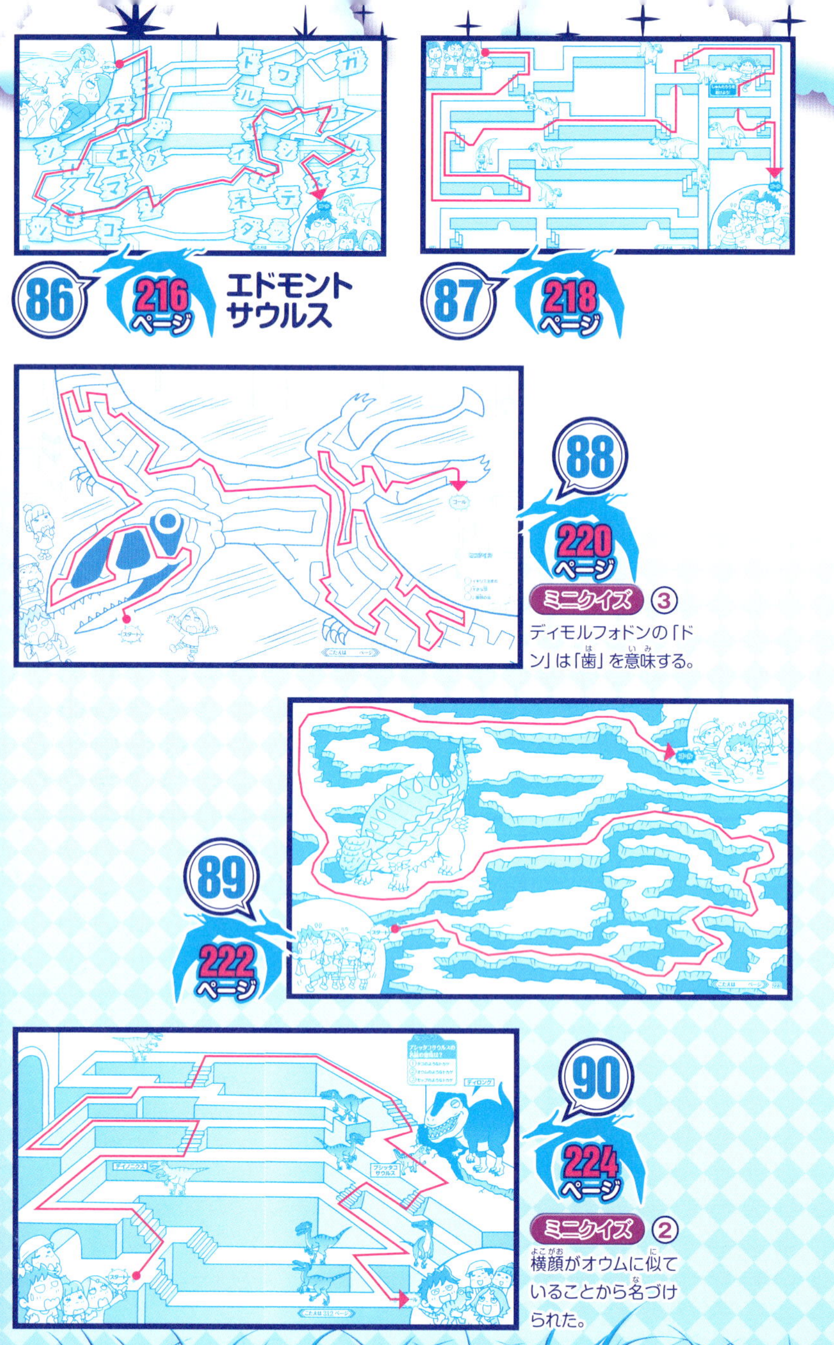
86
216ページ
エドモントサウルス
87
218ページ
88
220ページ
ミニクイズ ③
ディモルフォドンの「ドン」は「歯」を意味する。
89
222ページ
90
224ページ
ミニクイズ ②
横顔がオウムに似ていることから名づけられた。

第8話
未来の国から恐竜パニック！
うずから恐竜が出てきた!!
マンガめいろ 8
231ページ
ミニクイズ ①
ニジェールは西アフリカにある国。
91
232ページ
92
234ページ
こたえは313ページ
93
236ページ

ミニクイズ ②

ペンタケラトプスは3本、コスモケラトプスは10本以上のツノがあった。

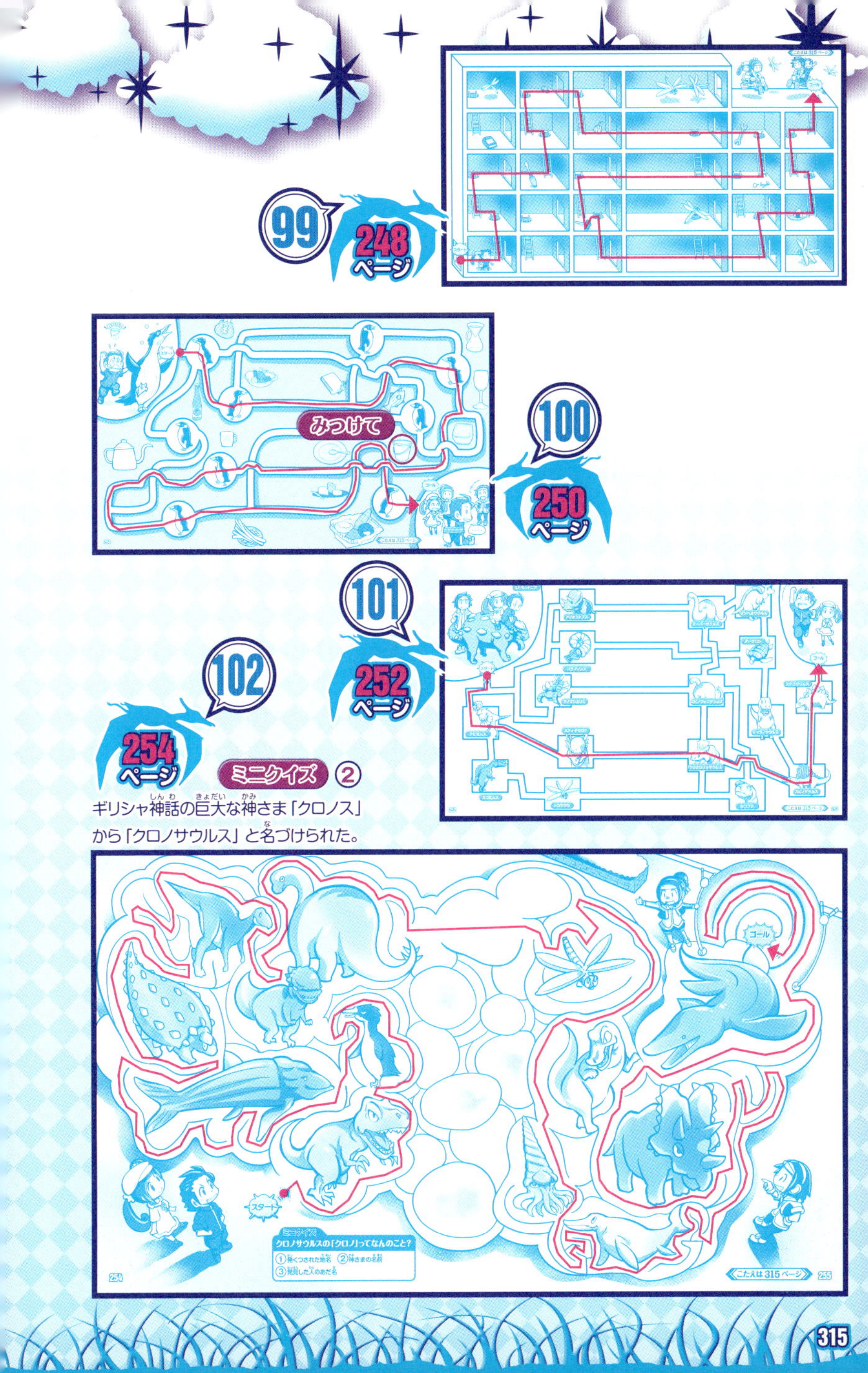

99
248ページ
こたえは315ページ
ゴール
スタート
100
250ページ
みつけて
こたえは315ページ
101
252ページ
スタート
ゴール
102
254ページ
ミニクイズ ②
ギリシャ神話の巨大な神さま「クロノス」から「クロノサウルス」と名づけられた。
ゴール
スタート
ミニクイズ
クロノサウルスの「クロノ」ってなんのこと?
①発くつされた地名 ②神さまの名前
③発見した人のあだ名
254
こたえは315ページ
255

第9話 めざせ恐竜はかせ!

マンガめいろ9

261ページ

103
262ページ

104
264ページ

スタート
ゴール
かぞえて!
エンピツ
こたえは316ページ

かぞえて
[3本]

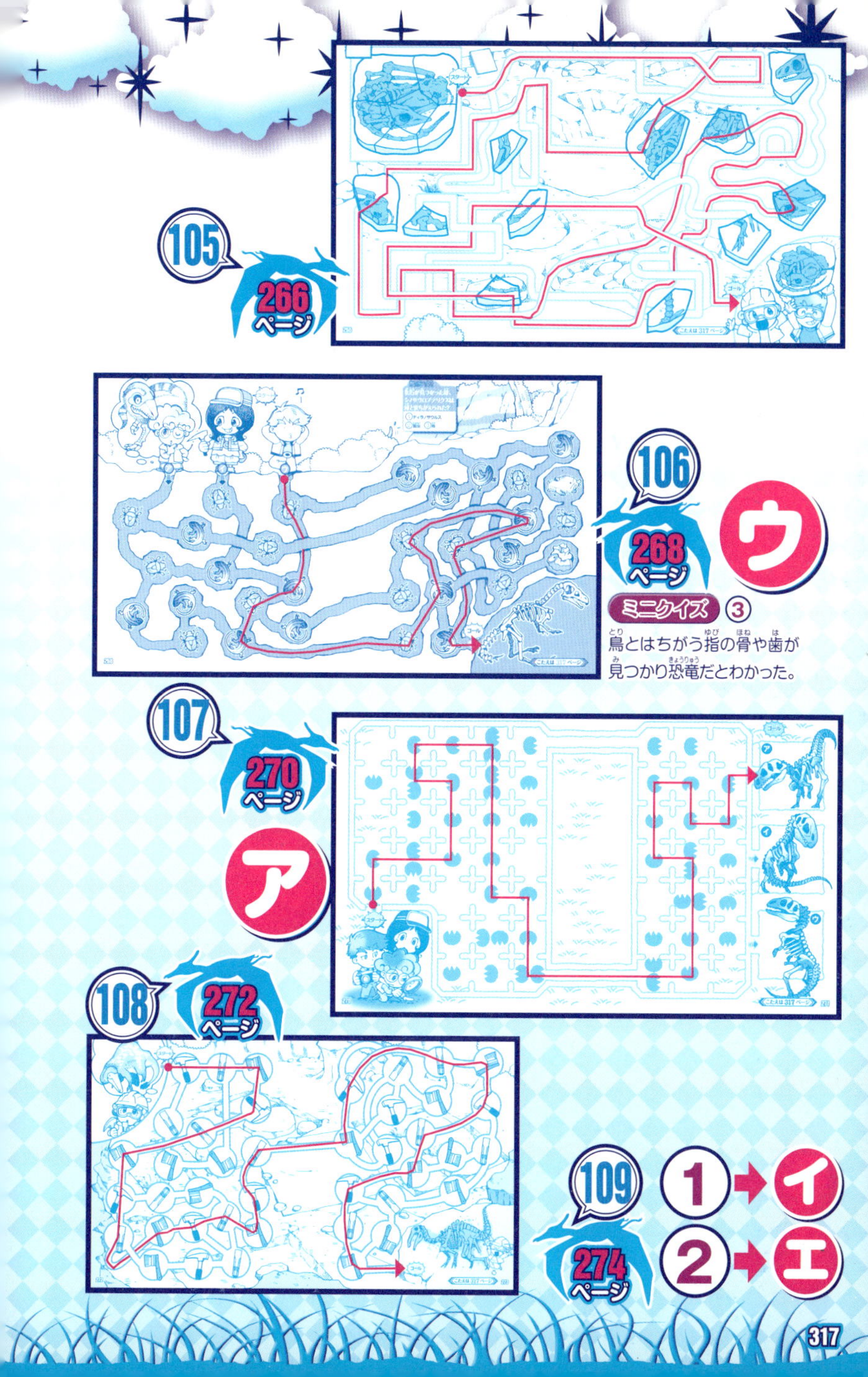
105
266ページ
106
268ページ
ウ
ミニクイズ ③
鳥とはちがう指の骨や歯が見つかり恐竜だとわかった。
107
270ページ
ア
108
272ページ
109
274ページ
1 → イ
2 → エ

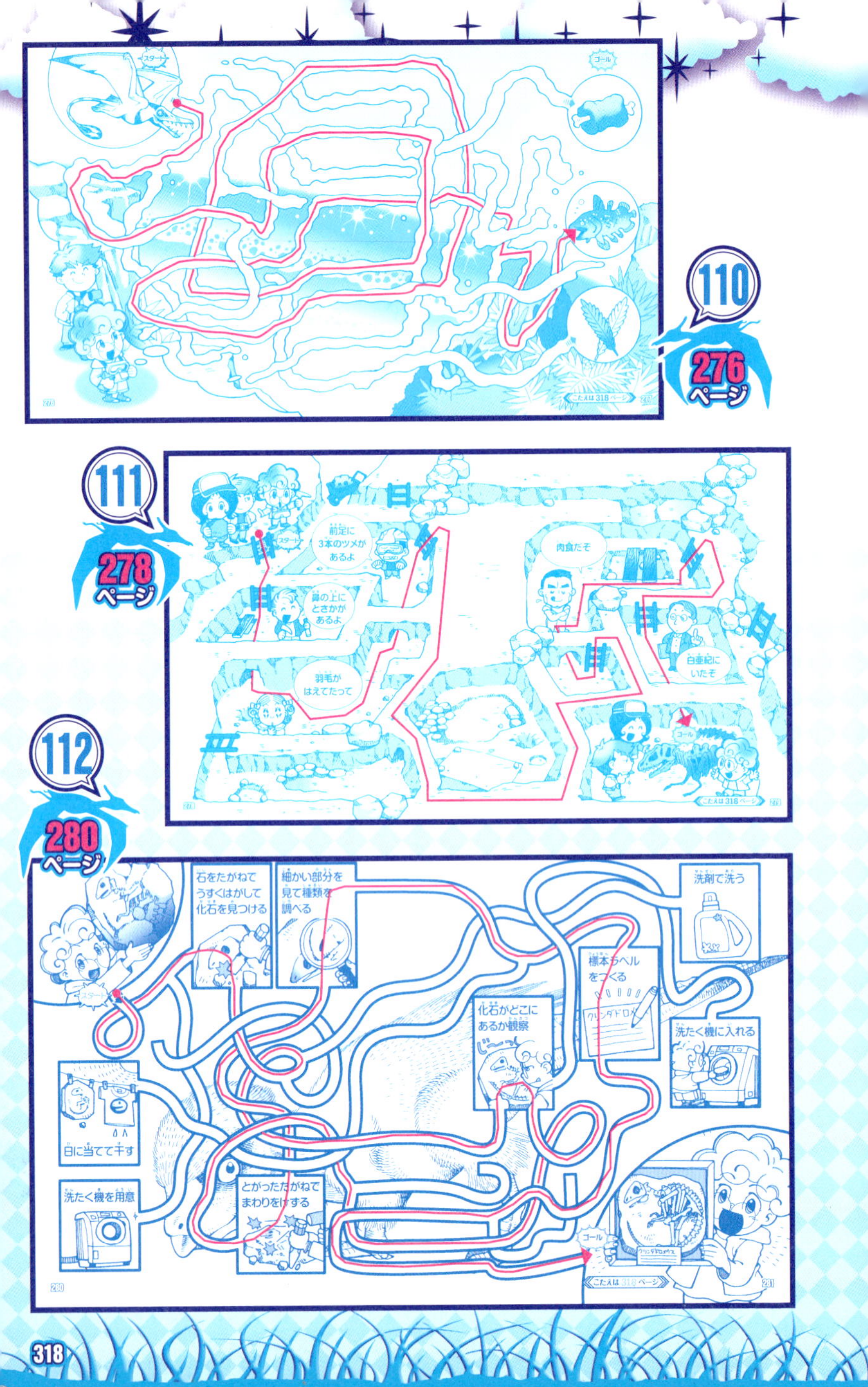
110
276ページ
スタート
ゴール
こたえは318ページ
111
278ページ
前足に3本のツメがあるよ
鼻の上にとさかがあるよ
羽毛がはえてたって
肉食だぞ
白亜紀にいたぞ
ゴール
こたえは318ページ
112
280ページ
石をたがねでうすくはがして化石を見つける
細かい部分を見て種類を調べる
洗剤で洗う
標本ラベルをつくる
化石がどこにあるか観察
洗たく機に入れる
日に当てて干す
洗たく機を用意
とがったたがねでまわりをけずる
スタート
ゴール
こたえは318ページ

114
284
ページ

1. 化石
2. 発くつ
3. ウドン
4. ティラノサウルス（寺のさあ？　留守）
5. メイ（ヤギの鳴き声はメィ～）
6. サイカニア（サイか？　ニャッ）
7. ハドロサウルス（歯がどろだらけ）

著者 土門トキオ（どもん ときお）

東京都生まれ。藤子不二雄賞受賞後、「つっぱりロック」（別冊コロコロコミック）でデビュー。現在、子ども向け書籍や雑誌を中心にマンガ、クイズ、パズル、マジック、落語など数多く手がける。『UMA＆ブキミ生物めいろあそび190もん』『おばけ大集合！こわ～いめいろあそび156もん』『いじわる超MAX!! ひっかけ＆10回クイズ222連発！』（以上、西東社）、『10分で読めるこわ～い落語』（学研プラス）など著書多数。

イラスト	森永ピザ、96.、Mika、丸谷朋弘、にしいきよみ、青木健太郎、アキワシンヤ、増田慎、あすみきり、宮村奈穂
デザイン・DTP	門脇正造
写真提供	ユニフォトプレス
編集協力	えいとえふ

参考文献

『大迫力！恐竜・古生物大百科』（西東社）
『小学館の図鑑 NEO POCKET-ネオぽけっと-恐竜』（小学館）
『学研の図鑑 LIVEポケット 恐竜』（学研）
『「もしも？」の図鑑 くらべる恐竜図鑑』（実業之日本社）
『TJMOOK 最新版！恐竜のすべて』（宝島社）
『TJMOOK 世界に誇る！恐竜王国日本』（宝島社）

わくわく大ぼうけん！ 恐竜めいろ170もん

著　者	土門トキオ
発行者	若松和紀
発行所	株式会社 西東社 〒113-0034　東京都文京区湯島2-3-13 http://www.seitosha.co.jp/ 営業　03-5800-3120 編集　03-5800-3121〔お問い合わせ用〕

※本書に記載のない内容のご質問や著者等の連絡先につきましては、お答えできかねます。

ISBN 978-4-7916-2634-2